물러서지
않는
마음

물러서지
않는
마음

26명의 대표 철학자에게 배우는
삶을 지탱하는 태도

이준형 지음

빅피시
BIG FISH

삶에는
나를 '나'로 살지 못하게 하는
것들이 많다.

갖춰야 할 기준에 대한 목소리들.
꿈을 주저하게 하는 이야기들.

"남들은 다 이러고 살아."
"내가 해봐서 아는데…"
"글쎄, 그게 괜찮을까?"

철학자 아우렐리우스는 이렇게 말한다.

"외부에 의해
불안해지고 혼란스러워진다면,
재빨리 너 자신으로 돌아가라."

어떤 어려움에도
'물러서지 않는 마음'을 가지려면
나와 세상을
온전히 제대로 바라봐야 한다.

여기 고대부터 현대까지
삶의 이치를 치열하게 고민한
스물여섯 명의 철학자가 있다.

힘들고 지쳐서
모든 것을 놓아버리고 싶을 때
나를 지탱해주는 태도는 무엇인가?

그들의 목소리에 귀 기울여보자.

"고통은 오래 지속되지 않는다.
현재를 긍정하라"라는
에피쿠로스의 이야기를.

"춤추는 별을 낳으려면
마음속에 혼돈을
품고 있어야 한다"라는
니체의 말을.

타협해 살다가도
울컥 용기를 내고 싶은 순간들

고백하자면, 내가 지난 몇 년간 배운 일의 대부분은 '물러서는 방법'에 관한 것이었다. 내 손으로 창업한 회사를 나오고, 여러 의미로 독립을 하게 되고, 말로 설명하기도 버거운 여러 문제를 겪는 동안 내가 늘 고민해야 했던 건 '어떻게 잘 물러설 수 있는가' 하는 것뿐이었다. 물러섬의 주제는 대체로 이런 것들이었다. 실패한 프로젝트에서 빠지는 법, 날 세우는 상대와의 다툼을 피하는 법, 누군가의 욕'망'을 인정하고 그 욕망과 충돌하는 내 욕'심'을 순순히 접는 법 등등.

　당신은 이미 알고 있었겠지만, 그건 사실 고민할 필요도 없는 문제였다. 내 뜻과 관계없이 문제를 마음대로 규정하고 그 답까지 알려줄 사람들이 주변에 널리고 또 널렸기 때문이다. 그들은 늘 내게 이야기했다. "이번에는 포기해" "그건 네 능력 밖의 일이야" "그러게 내가 뭐랬어"…. 매번 그들의 말을 귀 기울여 듣지는 않았지만, 나는 대체로 그들이 가라고 하는 길을 따랐던 것 같다. 그건 아마 그리하는 편이 몸 편하고 마음 편하다는 걸 나 또한 알고 있었기 때문일 거다.

사실 세상을 살아가는 데 물러서지 않는 마음이나 소신껏 살아가는 용기가 반드시 필요한 건 아니다. 아니, 오히려 그런 건 삶을 불편하게 하거나 삶에 장애가 되는 경우가 더 많다. 적당히 편하고, 즐겁고, 인정받는 삶을 살기 위해서는 그것과 정반대의 마음이 필요하다. 더 큰 어려움을 겪기 전에 적당히 포기할 줄 아는 마음, 내 소신과 고집은 고이 접어두고 세상의 기준과 타인의 시선에 맞춰 살아갈 줄 아는 마음, 모두가 '가야 한다'라고 말하는 길을 의심하지 않고 따르는 마음 같은 거 말이다.

문제는 그런 '타협하는' 마음으로 잘 살다가도 울컥울컥 다른 감정, 다른 마음이 밀려온다는 데 있다. 내가 정말 하고 싶은 걸 하면서 살아보고 싶다는 욕심, 내가 옳다고 믿는 일을 선택할 용기, 모두가 아니라고 말해도 고집스럽게 밀고 나아가려는 열의 같은 거 말이다. 아, 물론 걱정하지 않아도 된다. 그 마음이 오래도록 변하지 않는 일은 거의 없다는 사실을 우리는 너무 잘 알고 있기 때문이다.

이 책은 말하자면, 자신의 인생에서 그런 마음을 지켜낸 사람들의 삶과 사상을 만나기 위해 쓰인 책이다. 우리는 흔히 그들을 '철학자'라고 부른다. 사실 철학자라는, 꽤 거창해 보이는 단어의 이면에는 불완전한 인간이 있다. 이들 역시 인생을 사는 동안 우리와 똑같이 실수하고, 불안해하며, 후회하고, 아파했다. 다만 꼭 필요한 순간, 그들은 우리와 달리 용기를 발휘하여 물러서지 않았을 뿐이다. 물론 그들 역시 그 용기를 매번 발휘하지는 못했겠지만 말이다.

대단한 철학자들조차 매번 훌륭하지 못했으므로, 그들의 이야기를 담은 이 책이 당신의 삶을 송두리째 바꾸거나 평생 남과 다른 선택을 하기에 충분한 용기를 주는 일은 일어나지 않을 거다. 그럼에도 이 책을 펼친 당신이 이 정도 기대는 해주었으면 좋겠다. 당신의 삶에 위기가 찾아온 순간, 전보다 조금은 더 넓은 시야와 냉정한 자세로 그 문제를 바라볼 수 있으리라는 기대 말이다. 그리고 만약 당신 삶에 그런 변화가 실제로 일어난다면 저자인 나는 더 없이 기쁠 것이다.

나는 글의 서두에 지난 몇 년간 내가 배운 거라곤 대부분 '물러서는 방법'뿐이었다고 적었다. 정말 그랬다. 하지만 그 가운데에서도 물러서지 말라고, 같이 해보자고 이야기해준 사람들이 있다. 위기의 순간마다 늘 할 수 있다고, 한 번 더 해보자고 용기를 주던 우리 팀 사람들 김재원, 조히라, 홍성욱 님, 냉소적이고 이기적인 내가 사랑이라는 감정에 품던 의심을 해소하게 해준 우리 가족 그리고 그 사랑의 실존을 확인시켜준 유지까지. 이 책이 세상에 나올 수 있었던 건 99.9퍼센트 이들 덕분이다.

이 책이 나온 뒤, 아마 내 삶은 어떤 형태로든 조금 변화할 것 같다. 나는 그 변화가 그동안 내가 경험한 것과는 다른, 조금은 긍정적인 방향이길 바라고 있다. 물론 이 책을 읽는 당신의 삶 역시 그리 변화하길 바란다.

이준형

1.

힘을 주는
말이

필요한
순간

불안

고통을 건너는 순간
빛나는 것

"춤추는 별을 낳으려면
마음속에 혼돈을 품고 있어야 한다."
—

니체

누구나 살면서 꿈 하나쯤 품고 산다. 물론 그 꿈의 내용과 방향은 각자 다 다르다. 누군가는 창업해서 큰 성공을 이루고 싶어 하고, 또 다른 누군가는 멋진 소설 한 편 완성하는 게 꿈이고, 어떤 이는 사랑하는 사람의 건강과 행복을 지키는 게 가장 중요하다. 무엇이 더 좋고 나쁘고의 문제는 아닌 것 같다. 그저 각자 다른 꿈을 꾸고 있는 거니까. 그 꿈에 우리는 꽤 많은 시간과 노력을 기울이며 산다. 언젠가는 그 꿈이 현실이 되기를 바라는 마음으로 말이다.

문제는 그 노력의 '끝'이 보이지 않는다는 데 있다. 스물이 되어도, 서른이 되어도, 아니 나이를 먹으면 먹을수록 꿈을 이루는 일은 너무 어렵고 힘들게 느껴진다. 희망회로부터 돌리며 시작한 창업은 회로가 까맣게 타버렸는지 늘 해결해야 할 일투성이고, "큰 기대 안 해"라고 말하지만 결과 발표일만 되면 마음 졸이게 만드는 공모전도 늘 탈락 소식뿐이다. 안정과 행복만 향해 갈 줄 알았던 연애와 결혼생활도 늘 폭풍처럼 요동치고, 선의와 호의는 늘 둘리가 되어 내게 돌아온다. 아니, 내가 대체 뭘 그렇게 잘못한 거지?

불안과 고통, 혼란을 거치며 우리는 자신에게 묻게 된다. 굳이 이런 어려움을 견뎌가며 꿈꿀 필요가 있느냐고 말이다. 편한 삶, 안정이 보장된 생활로 돌아가면 안 되느냐고 말이다. 대체 우리는 어떻게 살아야 하는 걸까?

●

천재,
교수가 되다

꿈에 대해 말하기 전, 이 사람의 삶부터 살펴보자. 우리에게 꽤 익숙한 이름의 철학자 프리드리히 니체는 1844년 독일 뢰켄에서 목사의 아들로 태어났다. 그는 어린 시절부터 인문학적, 예술적으로 꽤 영특한 모습을 보였다. 일곱 살이 되던 해에는 라틴어와 그리스어를 공부했고, 여덟 살 때는 간단한 음악을 작곡하기도 했다. 목사 아버지를 둔 아들답게 성경의 구절을 암기하는 능력도 뛰어났다. 그런 그의 모습이 얼마나 귀엽고 예뻤는지 주변 사람들이 그에게 '꼬마 목사'라는 별명을 지어주었을 정도다.

물론 뛰어난 부분이 있으면 그렇지 못한 부분도 있는 법이다. 니체는 14세가 되던 해에 추어 포르테라는 학교에 장학생으로 입학했다. 많은 철학자들과 달리 그는 '수학'을 잘하지 못하는 편이었다. 자존심이 너무 강해서 자신을 믿고 따르는 소수의 친구들 외에는 그리 좋은 관계를 유지하지 못한 것도 그의 결함이라면 결함이었다.

1864년부터 니체는 본 대학에 입학해 신학과 고전문헌학, 예술사를 공부했다. 그리고 다음 해에는 라이프치히 대학으로 학적을 옮겼다. 그는 이곳에서 고전문헌학에 깊이 천착하는 한편, 쇼펜하우어의 사상을 접하게 되었다. 그는 세상이 합리적이지 않으며 맹목적인 의지가 삶을 지배한다는 쇼펜하우어의 입장에 깊은 감화를 받았다.

그는 1869년 20대 중반의 나이로 바젤 대학 문헌학 교수가 되었다. 주변의 우려와는 달리 니체는 교수 생활에 빠르게 적응했다. 매번 수많은 학생이 그의 강의를 듣기 위해 몰려들었고, 타 대학에서는 그를 스카우트할 방법을 찾고 싶어 안달이었다. 누가 보아도 부러워할 만한 '장밋빛 미래'가 펼쳐져 있었던 것이다.

인간은 안정이 아닌
'힘'을 원한다

니체의 생애를 마저 살펴보기 전, 앞선 질문에 대한 대답부터 살펴보자. "우리 삶은 도대체 왜 이렇게 힘든 걸까? 적당한 인생을 살면 안 되는 걸까?" 여기에 대한 니체의 대답은 "(그건 결코) 우리가 원하는 것이 아니"라는 것이다. 그가 생각하기에 인간에게는 자신의 생명력이 고양되는 감정을 느끼고 싶은 욕망이 있다.

비록 그 삶이 짧고 험난하더라도 말이다. 안락과 연명만 바라며 살아가는 것은 결코 인간이 원하는 방향이 아니다. 자신의 힘을 키우고, 이를 통해 위대한 무언가를 성취하며 자신이 고양됨을 느끼는 것. 그것이 바로 인간 누구나 가지는 충동이자 본질적인 욕망이라는 이야기다. 장수와 안락한 삶을 추구하는 것은 자신을 조소와 경멸의 대상으로 만드는 행위이며, 자신의 몰락을 바라는 것과 같은 일종의 '종말'에 불과하다.

안락한 생존과 쾌락 가득한 삶만 추구하는 유형의 인간을 니체는 '말세인'이라고 불렀다. 이들은 자그마한 불편만 겪어도 짜증을 내며, 세상의 아름다움과 풍요로움을 보지 못한 채 살아간다. 반대편에는 '초인'이 있다. 초인은 자신의 살아 있음을 온몸으로 느끼는 존재다. 고귀한 인간 혹은 기품 있는 인간이라고 불리며, 어떤 상황에서도 의연하고 당당하며 외부의 상황에 쉽게 굴복하지 않는 인간, 나아가 항상 그 상황의 주인이 되는 인간이다. 물론 이들에게 세계는 단연코 아름답고 풍요롭게 보인다.

●

다시 반복되어도
좋은 삶

그렇다면 초인처럼 사는 삶, 다시 말해 '아름답고 풍요로운 삶'을 살기 위해서는 어떤 자세가 필요할까? 이를 알기 위해서는 우선 니체가 말한 인간의 정신발달 3단계를 살펴보아야 한다. 니체는 "인간의 정신은 낙타의 정신에서 사자의 정신으로, 사자의 정신에서 아이의 정신으로 발전한다"라고 말한다. 여기서 '낙타의 정신'은 사회의 가치와 규범을 절대적인 진리로 여기며 의심하지 않고 무조건 복종하는 정신을 말하며, '사자의 정신'은 기존의 가치를 파괴할 줄 알지만 새로운 가치를 창조하지는 못하는 정신을 이야기한다.

마지막 '아이의 정신'은 니체의 철학이 지향하는 최종 상태라고 할 수 있다. 아이의 정신은 마치 인생을 유희처럼 사는 상태를 일컫는 말이다. 생각해보면 우리는 재미있는 일을 할 때 "왜 이걸 해야 하는가?"라고 묻지 않는다. 그저 그것이 재미있어서 한다. 인생의 의미에 대한 물음을 스스로 제기할 필요가 없을 정도로 삶을 재미있게 살아가는 것. 그것이 바로 아이의 정신이라고 할 수 있다.

니체는 아이의 정신으로 살기 위해선 지금의 인생이 다시 반복될 것처럼 살아야 한다고 조언한다. 이와 관련해 그는 꽤 재미있는 사상적 실험을 했다. 바로 '영원회귀'라는 실험이다. 영원회귀는 '삶의 매 순간이 바뀌지 않은 채 무한히 되풀이된다'라는 뜻을 가진 단어이다. 이는 혹시라도 다음 세상이 있다면, 우리가 경험하는 슬픈 일 또는 기쁜 일이 똑같이 되돌아온다는 의미이다. 그 일이 크든 작든 관계없이 말이다.

만약 이처럼 같은 생이 계속해서 반복된다면 어떨까? 아마 대부분 "지겹다"라거나 "그런 일은 제발 없었으면 좋겠다"라고 대답하지 않을까 싶다. 하지만 초인과 같은 삶을 사는 사람이라면 다를지도 모른다. 물론 초인의 삶을 사는 사람 또한 매 순간 어려움을 마주치며 살아갈 것이다. 하지만 그럼에도 그는 "다시 한번 이 삶을 살아가고 싶다"라는 대답을 할 가능성이 높다. 자신의 삶을 긍정하기 때문이다. 강한 정신력을 바탕으로 매 순간 충만한 기쁨을 느끼며 살아가는 것. 그것이 바로 니체가 말하는 '초인의 삶'이자 '아이의 정신'으로 사는 자세라고 할 수 있다.

●

내 삶의
주인이 되어라!

초인의 삶, 아이의 정신으로 사는 사람은 '자기 자신'이 되어서 살아간다. 돌이켜보면 우리는 늘 획일적인 인간으로 자라고 성장하길 강요받으면서 살아왔다. 어린 시절에는 온종일 학교와 집에서 "공부를 잘해야 한다"라는 이야기를 듣고 자랐으며, 사회에 진출한 뒤부터는 "더 높은 성과를 내야 한다"라는 압박감에 짓눌리며 살아왔다. 이런 '길들이기'는 수많은 부작용을 낳았다. 수많은 사람이 삶의 즐거움과는 멀어진 채 청소년기를 보냈고, 성인이 된 뒤에도 타인의 기대를 만족시키지 못했다는 죄책감에 시달리며 수많은 시간을 허비했다. 자기 삶을 찾지 못한 채 평생을 노예처럼 살아온 거다.

니체는 이러한 문제를 해결할 방법은 "스스로 삶의 주인이 되는 것"뿐이라고 말한다. 자신의 적성과 성격, 환경을 세심하게 고려하는 것은 물론, 더욱 긍정적인 방향으로 나아갈 수 있도록 노력해야 한다는 거다. 이를 위해서 가장 중요한 것은 남의 눈치를 보지 않고 살아가는 주체성을 지니는 것이다. 남의 시선과 평가에 신경 쓰지 않고, 자신이 옳다고 생각하는 길을 선택하고 끝끝내 나아가는 것. 그것만이 이 세계의 아름다움을 확인하고, 삶의 즐거움을 알아낼 수 있는 길이라는 얘기다. 니체는 말한다.

"인간에게 지상과 삶은 무거운 것이다. 그러나 가벼워져서 새가 되려고 하는 자는 자기 자신을 사랑해야 한다."

초인의 삶을 사는 사람은 자기 자신으로 살아가는 동시에 자기 자신을 '극복'하며 살아가는 존재이다. 우리 중 일부는 사회가 요구하는 모습에 맞춰서 살아가는 자신이 '진정한 나'라고 착각하며 살아간다. 하지만 진정한 의미의 자기 자신이 되기 위해서는 이런 거짓된 나부터 극복해야 한다. 여기서 자기 자신이 된다는 것은 타고난 적성과 성격, 환경을 넘어 자신만의 삶의 기준을 갖게 되는 것이라고 할 수 있다. 이러한 사람은 자신의 장점은 물론, 단점조차 강점으로 승화시켜나가는 사람이다.

천재,
무너지다

누군가는 니체의 이야기를 들으며 이렇게 생각할지도 모른다. 그건 성공을 거둔 사람들의 결과론적인 이야기에 불과하다고, 아마 니체 또한 마찬가지였을 거라고 말이다. 만약 그런 생각을 했다면 니체의 삶에 관한 못다 한 이야기를 조금 더 살펴보자.

승승장구하던 니체의 삶은 하루아침에 무너져버렸다. 그 누구의 잘못도 아닌, 자기 자신의 선택 때문이었다. 발단은 1872년 그의 대표작인《비극의 탄생》을 출간한 데 있었다. 책이 세상에 나온 직후부터 니체의 기대와는 다른 반응이 쏟아졌다. 그도 그럴 것이 이 책에는 기존의 서양 주류 철학이 강조해온 이성과 절제, 중용 같은 가치들을 거부하고, 생성과 소멸, 파괴, 창조를 있는 그대로 받아들여야 한다는 주장이 담겨 있었기 때문이다. 동료 문헌학자들은 니체를 공개적으로 비판했고, 얼마 뒤 그는 고전문헌학계에서 사실상 추방되었다.

건강도 급속히 나빠지기 시작했다. 1870년 보불전쟁에 위생병으로 참전했다가 걸린 이질과 디프테리아가 그 시작이었다. 두통과 경련이 끊임없이 이어졌고, 시력도 크게 떨어져버렸다. 결국 그는 35세에 교수직을 그만두게 된다. 그럼에도 니체는 자신의 철학을 포기하지 않았다. 1881년에는 영원회귀의 구상이 담긴

《아침놀》이 출간되었으며, 1882년에는《즐거운 학문》, 1885년에는《힘에의 의지》와 대표작《차라투스트라는 이렇게 말했다》가 완성되었다. 이어 1886년과 1887년에는 또 다른 대표작인《선악의 저편》과《도덕의 계보》가 세상의 빛을 보게 된다.

하지만 1889년이 되어 니체의 건강은 완전히 무너져버렸다. 광장에서 매를 맞는 말을 갑자기 끌어안고 울다가 졸도해버린 것이다. 이후 오랫동안 그는 병상을 지키는 신세가 된다. 몇 년 뒤에는 사람을 알아보지 못했으며, 그로부터 얼마 지나지 않아 말조차 할 수 없게 되었다. 결국 그는 56세의 나이로 세상을 떠났다. 누구보다 주목받는 학자였지만, 자신의 선택으로 인해 평생을 외면받으며 살아간 인물이 바로 니체였던 것이다.

●

포기하지 말 것,
끝까지 별을 품을 것

삶은 결코 공평하지 않다. 누군가는 금수저를 물고 태어나 평생을 살아가고, 누군가는 흙수저로 태어나 하루하루를 어려움 속에서 살아가는 것처럼 말이다. 니체는 이런 세상에서 운명에 대해 우리가 취할 수 있는 태도를 크게 세 가지로 구분한다. 단죄의 철학이라고 불리는 '자유의지의 철학'과 일종의 패배주의에 해당하는 '숙명론', 마지막으로 운명을 긍정하고 사랑하는 '운명애(愛)의 철학'이 그것이다.

자유의지의 철학은 쉽게 말해 "하면 된다"라고 외치는 철학이다. 이 사상을 따르는 사람들은 누군가의 실패를 보며 "당신이 실패한 이유는 그저 노력이 부족했기 때문"이라고 말한다. 이들에게 세상이 불공평하다는 사실은 별로 중요하지 않다. 자신이 성공한 이유는 노력과 의지, 용기 때문이며, 누군가의 실패는 자신만큼 최선을 다하지 않은 결과라고 생각하기 때문이다.

숙명론은 일종의 패배주의라고 볼 수 있다. 숙명론에 매몰된 이들은 모든 것을 운명 탓으로 돌린다. 자신의 실패는 '운이 없기 때문'이고, 누군가의 성공 또한 '그저 운이 좋았기 때문'이라고 생각해버리는 거다. 실패한 이들을 손가락질하고 매몰차게 대하는 자유의지의 철학과 반대로 숙명론은 사람들을 무기력하고 나약하게 만드는 것이 특징이다.

마지막 운명애의 철학은 자신에게 던져진 역경과 고난이 오히려 좋은 기회라고 믿으며 살아가는 사람들의 철학이다. 이는 자유의지의 철학과 비슷해 보이지만, 인간에게 어찌할 수 없는 문제도 있음을 인정한다는 데 차이가 있다. 가령 음악에 소질이 전혀 없는데 노래를 평생 업으로 삼겠다고 하거나, 공부에 재능 없는 아이에게 "노력하면 다 된다"라며 닦달하지 않는다는 얘기다. 자신이 타고난 재능과 여건을 잘 이해하고, 이를 바탕 삼아 더 큰 성취로 나아가는 것. 그것이 바로 운명애의 철학을 지닌 사람들이 지닌 태도이다.

물론 운명애의 철학을 받아들이는 일은 결코 쉽지 않다. 자신의 소질과 재능의 한계를 인정하는 것도, 한계를 뛰어넘어 다음 단계로 도약하는 것도 결코 쉬운 일이 아니기 때문이다. 어찌 됐든 자신의 목표를 향해 가는 과정은 늘 어렵고 불안할 수밖에 없다. 굳이 거창하게 '꿈'이라는 단어를 붙이지 않더라도 말이다.

그렇지만 우리는 이미 알고 있다. 그 어려움을 견뎌내지 못한다면 결코 우리가 원하는 목표에 다가가지 못할 거라는 사실을 말이다. 분명 아픈 속 달래가며 한 발 물러서야 할 순간도, 포기하고 싶은 순간도 있을 거다. 아니, 기쁘고 즐거운 순간보다 그런 순간이 훨씬 더 많을지도 모른다. 하지만 고통과 노력, 그 둘 모두를 품은 시간이 쌓여 다시 한 발 두 발 앞으로 나아가게 해주리라는 데는 의심의 여지가 없다.

만약 당신이 여느 때처럼 고통의 순간을 건너는 중이라면, 그리고 포기하고 싶은 충동에 다시 한번 사로잡혀 있다면, 니체의 말을 기억하자.

"춤추는 별을 낳으려면 마음속에 혼돈을 품고 있어야 한다."

당신은 지금 별을 품고 사는 중이다. 그 무엇과도 바꿀 수 없을 만큼 반짝이는 별을 말이다.

증명

검은 백조는
분명 있다

"외부 세계에서 우리가 배우는 것이라고는
우리가 하는 시도 중 일부는 틀렸다는 사실뿐이다."
—

포퍼

들을 때마다 번번이 짜증나는 말이 하나 있다. 바로 "내가 해봤는데"라는 말이다. 이 말 뒤에 이어지는 문장들만큼 사람의 의지를 효과적으로 꺾어버리는 것도 없다. "이건 이래서 어렵고, 저건 저래서 안 되고, 그건 뭐 때문에 불편하더라" 등등. 결국 다 안 된다는 통에 뭐라도 다른 방법을 찾아보려고 하면 짜증 섞인 한숨과 함께 비슷한 대답이 반복되는 거다. "아니, 그것도 내가 해봤는데…."

문제는 이들의 이런 조언 아닌 조언이 기대(?)보다 잘 틀리지 않는다는 데에 있다. '그건 네 사정'이라 되뇌며 호기롭게 도전해보지만, 결과는 그들의 경험과 예상을 크게 벗어나지 않는다. 이유야 뻔하다. 어차피 사람 생각은 다 거기서 거기고, 경쟁자들은 보기보다 호락호락하지 않으며, 내 열정과 인내심은 마치 부풀어 오른 설탕 뽑기처럼 눈 깜짝할 사이 바싹 타버리기 때문이다. 우리는 알고 있다. 기분이 조금 나쁘더라도, 생각이 조금 다르더라도, 그들의 '경험'을 따르는 것이 훨씬 더 안전하고 편한 선택이 되리라는 사실을 말이다.

그럼에도 종종 우리는 보여주고 싶다. 당신의 경험이 틀릴 수도 있다는 사실을, 모두가 "안 된다"라며 고개 내젓는 문제를 나 홀로 멋지게 해결하는 모습을 말이다. 과연 "당신이 틀렸다"라는 말을 자신 있게 할 수 있는 날이 우리에게도 올까?

●

사회주의에 빠지고, 사회주의를 버린 청년 포퍼

여기 우리에게 "그렇다"라고 말하는 사람이 있다. 바로 20세기의 과학철학자 칼 포퍼다. 칼 포퍼는 1902년에 태어나 92년을 살다 갔다. 말 그대로 20세기를 온전히 산 인물인 거다. 그가 죽었을 때, 수많은 지식인은 "마지막 철학자가 떠났다"라고 외쳤다. 그리고 포퍼는 그만큼 많은 사람에게 영향을 미쳤다. 마거릿 대처 전 영국 수상과 리하르트 폰 바이츠제커 전 독일 대통령 등 정치인은 물론, 노벨상 수상자인 피터 메더워와 자크 모노 등이 포퍼를 '20세기의 가장 탁월한 철학자'로 손꼽았을 정도로 말이다.

전설적인 투자자 중 한 명인 조지 소로스는 철학과 재학 시절 만난 지도교수 칼 포퍼의 가르침을 토대로 독자적인 투자이론을 정립했다. (우린 이를 토대로 그저 철학자가 돈을 못 버는 거지, 철학이라는 학문 자체에 문제가 있는 건 아니라는 사실을 확인할 수 있다.) 이 이론 덕분에 그는 여러 차례의 경기 불황에도 막대한 투자이익을 남길 수 있었다. 소로스가 포퍼에게 얼마나 감사했는지 스승

의 대표작인 《열린 사회와 그 적들》의 이름을 딴 '열린 사회 재
단'을 설립했을 정도다.

물론 그렇다고 포퍼의 삶이 마냥 순탄하게만 흘러갔던 것은
아니다. 그가 태어난 1902년의 빈은 오스트리아 헝가리 제국의
수도였다. 그는 유대계 변호사로 꽤 높은 명성과 많은 부를 가
진 아버지 덕분에 유복한 어린 시절을 보냈다고 알려진다. 하지
만 그의 삶, 아니 전 세계 모든 이의 삶을 뒤바꾼 일이 일어난다.
제1차 세계대전이 일어난 것이다. 오스트리아 헝가리 제국은 이
전쟁에서 패했고, 그 결과 사람들은 끔찍할 정도로 높은 수준의
인플레이션을 경험하게 된다. 물론 그의 가족이 누리던 부도 눈
녹듯 사라져버렸다. 포퍼는 고등학교도 마치지 못한 채 유년 시
절을 뒤로한다.

사회의 부조리와 불안정의 위험성을 깨달은 그는 한동안 사
회주의 운동에 참여했다. 포퍼는 정당에 가입해 활동할 정도로
열성적이었지만, 그 열정은 그리 오래가지 못했다. 그가 활동하
며 겪은 어느 사건 때문이었다. 당시 포퍼는 투옥된 동료들의 석
방을 요구하는 어느 시위에 참여하게 되었다. 그런데 당국이 폭
력적인 수단을 써서 이를 진압하려 했고, 그 사실을 알게 된 당
지도부는 오히려 유혈 사태를 유도해 자신들에게 유리한 여론을
형성하고자 했다. 그 모습을 지켜본 포퍼는 망설이지 않고 탈당
한다. 개인을 장기 말처럼 사용하는 이념에는 미래가 없다고 생
각했기 때문이다.

박해를 피해 떠난 철학자,
해결책을 찾으려 분투하다

갖은 어려움 속에서도 포퍼는 학업을 포기하지 않았다. 대학 입학 자격시험을 치르고, 결국 빈 대학에 입학한 거다. 그리고 모든 과정을 마칠 무렵, 포퍼는 자신의 대표작인《탐구의 논리》를 완성한다. 이 책은 출간 후 얼마 지나지 않아 아인슈타인, 러셀 등 당대 지식인들의 이목을 끌게 되었다. 결국 포퍼는 이들의 추천을 받아 뉴질랜드의 캔터베리 대학에서 교수 생활을 시작하게 된다.

그가 뉴질랜드로 떠나고 몇 년 뒤, 제2차 세계대전이 일어났다. 포퍼는 유대인 박해를 피해 전쟁이 끝날 때까지 이곳에서 생활했다. 그 덕분에 포퍼와 그의 가족은 안전했지만, 그렇다고 그가 전쟁에서 마냥 자유로웠다는 이야기는 아니다. 미처 탈출하지 못한 그의 친구와 친척들이 목숨을 잃었다는 소식을 시시각각 들을 수밖에 없었기 때문이다. 그는 이러한 현실을 비판하고 그 대안을 찾고자《열린 사회와 그 적들》을 비롯한 여러 권의 책을 써 내려간다.

전쟁이 끝난 뒤, 포퍼는 런던 경제 대학의 교수가 되어 유럽으로 돌아왔다. 그는 이후 오랜 기간 최고의 석학으로 추앙받았다. 그의 책《열린 사회와 그 적들》은 전쟁기에는 전체주의 국가를,

냉전기에는 사회주의 국가를 비판하는 저서로 널리 읽혔으며, 독일어판으로만 나왔던 초기작《탐구의 논리》또한 영어판이 출간되며 전 세계적으로 큰 반향을 일으켰다.

●

모든 백조는
흰색이다

포퍼의 철학을 이해하려면, 우선 그가 문제 삼은 '논리실증주의'의 개념부터 이해해야 한다. 논리실증주의란 과학의 논리적 분석 방법을 철학에 적용하고자 하는 일련의 움직임을 말한다. 당대에 '지성의 집합소'로 불린 빈 서클에서 시작되었으며, 귀납주의와 검증가능성의 원리를 바탕으로 논지를 전개해나가는 것이 특징이다.

그럼 귀납주의와 검증가능성의 원리란 대체 무엇일까? 우선 귀납주의는 우리가 경험한 사실을 바탕으로 특정 내용을 일반화하는 것을 말한다. 가령 우리가 그동안 발견한 백조가 모두 흰색이었다고 생각해보자. 귀납주의는 이 경우 다음에 관찰될 백조도 흰색일 거라고 가정한다. 만약 관찰 결과가 예상과 동일하다면? 그 결과를 바탕으로 "모든 백조는 흰색이다"라는 결론을 내리게 된다. 더불어 검증가능성의 원리는 경험으로 확인할 수 없거나 논리적으로 검증할 수 없는 주장 혹은 이론은 모두 무의미하다는 견해를 말한다. 다시 말해, 모든 이론과 주장은 참 또는 거짓으로 검증이 가능해야 한다는 거다.

두 원리에 관한 정의를 종합해서 논리실증주의라는 단어의 의미를 유추해보자. 아마 두 개의 문장으로 정리할 수 있을 것 같다. "이론은 타당성을 확인할 수 있어야 하며, 그 타당성은 관찰과 경험에 의존한다"라는 명제와 "그 관찰의 빈도 혹은 경험의 양이 많을수록 그 이론의 설득력이 높아진다"라는 명제가 그것이다. 포퍼 이전의 연구자들은 귀납주의적 사고에 기반을 두고 자신의 가설을 뒷받침하는 증거를 많이 찾아내는 것이 올바른 '과학'이자 '학문'의 과정이라고 믿었다. 즉, 가능한 한 많은 백조를 관찰하고, 그 백조의 색이 모두 흰색이라는 사실을 밝혀내면 된다고 생각했던 거다.

●

모든 백조가
흰색은 아니다

문제는 예상과는 다른 결과를 확인할 때 생긴다. 검은색 백조가 발견된 것이다. 이 경우 진술은 최소한 이렇게 바뀌어야 한다. 바로 "모든 백조가 흰색인 것은 아니다"라고 말이다. 포퍼는 과학이 발전하기 위해선 자신의 이론과 가설에 부합하는 사례를 찾는 것이 아니라, 그 이론이 잘못되었음을 증명할 수 있는 사례를 찾기 위해 노력하는 자세가 더 중요하다고 생각했다. 다음과 같이 말이다.

"우리 모두와 마찬가지로 과학자들은 잘못을 통해 배운다. 우리가 실재에 대한 특정한 사고방식이 거짓이라는 것을 깨달을 때 과학은 발전한다."

과학자들이 해야 할 일은 자신의 가설이 거짓임을 증명하기 위해 노력하는 것이다. 만약 어떠한 가설이 관찰을 통해 거짓임이 밝혀진다면? 그 가설은 포기되고 새로운 가설이 제안된다. 새로운 가설을 제시하고, 그 가설이 거짓임을 증명하는 과정의 반복 또 반복. 그 지난한 과정을 지나 우리는 마침내 거짓임을 증명할 수 없는 가설을 만나게 된다. '이론'이 정립되는 것이다. 하지만 이렇게 만들어진 이론도 영원히 '참'이라고 볼 수는 없다. 이후에 거짓임이 밝혀질 수도 있기 때문이다. 우리는 이 과정을 끊임없이 반복하며 진리를 향해 한 발 더 나아가게 된다. 이처럼 가설과 반증을 통해 지식이 성장한다고 믿는 관점을 우리는 '비판적 합리주의(Critical Rationalism)'라고 한다.

포퍼의 비판적 합리주의는 인간의 '오류 가능성'을 인정한다는 점에서 가장 큰 의의를 찾을 수 있다. 포퍼가 보기에 인간은 잘나고 똑똑한 몇몇 사람 혹은 능력 있는 사람들로 구성된 특정 집단에 의해 '계몽'될 수 있는 존재가 아니다. 그는 상호 간의 비판을 허용하고 다양한 반증과 가설을 제시할 수 있는 문화를 만드는 것이 훨씬 더 중요하다고 보았다. 인간은 이를 통해 끊임없이 발전하며, 진화할 수 있는 존재이기 때문이다.

●

검은 백조를
찾아라

처음으로 돌아가보자. 우리에게 "안 된다"라고 말한 사람들의 '조언'은 이를테면 "모든 백조는 흰색"이라고 주장하는 것과 같다. 물론 그 말을 하는 사람이 최소한의 양식을 갖춘 사람이라면, 한두 마리 백조를 본 사실만으로 우리에게 모든 백조가 희다는 주장을 하지는 않았을 것이다. 그 나름대로 다양한 사례를 경험하고 살펴봄으로써 "네 목표는 달성 불가하다"라는 조언을 하고 있을 거라는 얘기다. 하지만 여기서 무조건 실망하거나 포기할 필요는 없다. 앞서 우리가 확인한 것처럼, 아무리 많은 흰 백조를 보여준다고 하더라도 "백조가 희다"라는 명제가 무조건 참이 되는 것은 아니기 때문이다. 그들의 주장이 참이 되는 경우는 오직 하나, "단 한 마리의 검은 백조도 존재하지 않는다"라는 것이 증명될 때뿐이다.

　다행스럽게도 검은 백조는 세상에 존재했다. 흰 백조보다 훨씬 적은 수이지만 당당하고 고고하게 말이다. 물론 검은 백조를 찾는 것은 결코 쉬운 일은 아니었다. 흔한 것도, 아무 곳에나 사는 것도 아니었기 때문이다. 그 존재는 1697년 네덜란드의 여행가 윌리엄 드 블라밍에 의해 호주의 어느 강에서 최초로 발견됐다. 그리고 300여 년이 지난 지금, 검은 백조라는 말은 여전히 '좀처럼 찾아보기 힘든 진귀한 존재' 혹은 '불가능하다고 생각하는 상황이 발생하는 것'을 뜻하는 말로 사용되고 있다.

각자의 분야에서 검은 백조를 찾으려는 우리의 삶 또한 마찬가지다. 그 과정은 결코 쉽지 않을 것이다. 처음의 걱정보다 훨씬 더 많은 문제가 발생할 것이며, 해답은 늘 잡힐 듯 잡히지 않으며 우리를 애타게 할 것이다. 정해진 코스와 룰을 따르다 보면 흰 백조만 있다고 믿는 이들과 똑같은 벽에 부딪칠 것이며, 때때로 너무 지쳐 그들과 함께 "검은 백조는 없다"라고 앵무새처럼 되뇌고 싶은 충동에 사로잡힐 때도 있을 것이다.

그럼에도 우리는 알고 있다. "단 한 마리의 검은 백조도 존재하지 않는다"라는 명제는 한 번도 증명된 적이 없다는 사실을 말이다. 검은 백조를 발견한 순간, 기존의 모든 '답'은 무너지고 당신이 증명한 새로운 '명제'가 그 자리를 차지하게 될 것이다. 물론 모두 포기하고 싶은 충동, 남들의 기준과 기호에 맞춰 마음 편히 살아가고 싶은 욕망을 견디는 것은 오롯이 당신의 몫이지만 말이다. 검은 백조는 분명 있다. 윤기 나는 깃털을 꼭꼭 숨긴 채, 당신이 새로운 길을 뚫고 자신을 발견해주기를 기다리며 말이다.

욕망

욕망에는
고통이 따른다

"만약 현실에서 모든 욕망을 순조롭게 다 채우고
항상 편안하고 만족스러운 삶을 살았다면,
셰익스피어나 괴테는 시를 쓰지 않았을 것이다."
—

쇼펜하우어

일이 원하는 대로 풀리지 않을 때 우리는 고통을 느낀다. 문제는 너무나 많은, 아니 거의 대부분의 일이 뜻대로 풀리지 않는다는 데 있다. 대학 입시에서 떨어지고, 닫힌 취업문은 좀처럼 열릴 생각을 하지 않는다. 심기일전해서 준비한 사업에 실패하고, 믿었던 사람에게 배신당해 상처받는 삶. 그게 우리 가운데 거의 모두가 살아온 과정이자 삶 자체이기 때문이다. 이런 일들을 겪다가 우리는 문득 깨닫게 된다. 어쩌면 나를 힘들고 어렵게 만들었던 일 하나하나가 고통이었던 것이 아니라, '사는 것 자체가 고통'인지도 모르겠다고 말이다.

물론 일이 잘 풀렸다고 해서 삶이 반드시 행복을 향해 가는 것은 아니다. 그저 '이번 한 번뿐인' 성공을 경험하는 경우도 많으며, 더욱더 높은 곳을 욕망하다가 한순간에 나락으로 떨어지는 일도 다반사이다. 설령 운 좋게 모든 일이 뜻대로 이루어져도 마찬가지이다. 온전한 행복보다는 또 다른 종류의 고통에 가까운 '권태'를 느끼는 경우도 많기 때문이다. 부족함 없어 보이는 재벌 3세의 마약 사건, 실시간 뉴스와 SNS에 오르내리는 정치인 및 연예인의 각종 범죄 소식은 어쩌면 이런 사실을 대변하는 하나의 예인지도 모르겠다.

때때로 우리는 스스로 묻는다. "이렇듯 고통만 가득한 세상에서, 그럼에도 우리가 아등바등 살아야 하는 이유는 대체 무엇인가?"라고 말이다. 과연 우리는 이 고통에서 벗어날 수 있을까? 그리고 그 고통의 끝에서 우리는 어떤 결론과 마주하게 될까?

●

행복한 염세주의자,
쇼펜하우어

이번 장에서 우리가 다룰 염세주의 철학자 쇼펜하우어는 1788년 프로이센의 영토였던 단치히에서 태어났다. 그의 아버지는 부유한 상인이었으며, 어머니는 1800년대 초 독일에서 가장 유명한 여류작가였다. 어찌나 선망받는 작가였는지 그녀의 시가 슈베르트의 곡에 가사로 쓰일 정도였다. 게다가 외모도 아름다웠다. 그래서인지 젊어서부터 두 부부 사이에는 불협화음이 끊이지 않았다. 결국 그의 아버지는 자살로 추정되는 죽음을 맞는데, 이후 그의 어머니는 사치와 사교생활에 광적으로 집착했다고 알려진다. 쇼펜하우어는 이런 어머니를 혐오에 가깝게 싫어했다. 얼마나 독하게 굴었는지 어머니가 아들인 쇼펜하우어에게 이런 편지를 보냈을 정도였다. "너는 자신과 다른 사람들을 지나치게 비난하고 무시하며 불필요하게 혹평해. 그리고 때로는 내게도 지나치게 설교를 많이 하는구나."

쇼펜하우어가 존경해마지 않았던 그의 아버지는 생전에 하나뿐인 아들을 자신의 뒤를 잇는 사업가로 키우고자 노력했다. 그 일환으로 쇼펜하우어가 15세가 되던 해, 아버지는 그에게 유럽 여행을 제안한다. 단, 여행을 마친 뒤 상인이 되기 위한 교육을 받아야 한다는 조건을 붙여서 말이다. 여행을 하고 싶은 어린 마음에 쇼펜하우어는 그 제안을 받아들인다. 하지만 여행 도중, 이전에는 보지 못했던 인간 세상의 참상들을 목격하게 된다. 특히 그는 프랑스 툴롱에서 6,000여 명의 흑인 노예를 감금해놓은 모습을 보며, 그곳이 단테가 묘사한 지옥과 흡사하다고 느꼈다. 우리로 치면 고작 고등학생이었을 나이에 세상과 삶의 고통을 고민하게 된 것이다.

유럽 여행을 마친 뒤, 그는 아버지의 뜻에 따라 함부르크에 있는 어느 상점의 견습생이 되었다. 하지만 장사는 늘 뒷전, 독서와 강연 참석에만 몰두하는 생활을 지속한다. 23세가 되던 해, 그는 결국 자신의 기질을 인정하고 상인이 아닌 철학자가 되기로 결심한다. 아버지가 남긴 유산으로 김나지움에 입학했던 거다. 지금 보더라도 다소 뒤늦은 나이였지만, 실력만큼은 조금도 뒤처지지 않았다. 자신감을 얻은 그는 입학 당시 선택했던 전공인 의학을 포기하고 자신에게 꼭 맞는 길인 철학으로 진로를 바꾸게 된다.

자신감과 우울증
사이

이후 쇼펜하우어는 꾸준히 철학의 길을 걸어갔다. 1813년 예나 대학에서 박사 학위를 받았고, 1819년에는 자신의 대표작 《의지와 표상으로서의 세계》를 세상에 내놓았다. 이 시기 그는 자신감이 가득했던 것으로 보인다. 아니, 심지어는 다른 이들을 경멸하기까지 했다. 쇼펜하우어는 자신의 책이 세계를 이해하는 근원이 될 것이라 믿어 의심치 않았고, 그 책을 쓴 자신이야말로 철학의 숨은 황제이자 철학적 종교의 창시자라고 선언하기도 했다. 그는 이 책을 다음과 같이 표현했다. "낡아빠진 관념들을 단순히 반복하는 것이 아니라 독창적인 사상을 담은 책이다. 지극히 성공적이며 수미일관된 체계를 갖추고 있고, 명료하고 이해하기 쉬우며 매우 아름답게 쓰였다."

하지만 자신의 기대와 달리, 쇼펜하우어는 오랜 기간 별 볼 일 없는 삼류 학자 취급을 받았다. 당대 최고의 지성으로 추앙받던 헤겔과 같은 요일, 같은 시간에 강의를 열었다가 폐강되는 수모를 겪었고, 자신감 가득했던 책은 출판된 지 얼마 지나지 않아 폐지 값도 안 되는 헐값에 팔렸다.

이런 수모를 겪은 뒤 그가 조금 겸손해졌을까? 물론 아니다. 폐강 사태는 자신의 등장으로 위기감을 느낀 교수들의 모함과 방해 때문이라고 여겼고, 선배 철학자인 헤겔의 사상은 그저 "정신병자의 수다"에 불과하다고 손가락질했다. 우울증과 망상도 날이 갈수록 심해졌다. 이발사가 자신을 해칠지 모른다고 두려워해서 절대로 면도를 하지 못하게 했고, 자신을 스스로 지켜야 한다며 권총을 옆에 두고 자기도 했다. 어머니와의 불화를 계기로 여성에 대한 뿌리 깊은 불신과 경멸의 시선을 보내기도 했다.

성공은 말년이 되어서야 찾아왔다. 63세에 출간한 에세이집이 유명해지면서 그의 철학도 함께 주목받기 시작했던 거다. 그가 31세에 출간한 《의지와 표상으로서의 세계》는 세계적인 고전의 반열에 올랐고, 심지어 그가 산책 중에 넘어져 다친 일까지 신문에 알려질 정도였다. 모든 일에 초연한 척하던 그도 자신의 성공만큼은 참을 수 없었던 모양이다. 자신의 사상과 명성을 보도한 모든 신문 기사를 찾아서 탐독했다니 말이다.

쇼펜하우어는 1860년 72세를 일기로 생을 마감했다. 사인은 심장마비. 평생을 염세주의자로 살았던 그의 평소 모습과는 다른 매우 평온한 표정이었다.

●

욕망, 이성을 등에 업고 달리다

그럼 대체 이 까칠하고 예민한 철학자는 어떤 사유를 세상에 내놓았을까? 쇼펜하우어는 인간의 본질이 '의지(Wille)'에 있다고 보았다. 의지는 쇼펜하우어의 사상에서 가장 강조되는 용어로, 충동 또는 욕망을 의미한다. 그는 우리가 살아가는 이 세계가 이성보다는 비합리적이고 맹목적인 의지에 의해 움직이며, 개개인의 범주에서도 동일하게 나타나 인간을 끝없는 욕망에 시달리게 한다고 설명했다.

그는 의지가 "절름발이를 어깨에 메고 가는 힘센 장님"과 같다고 표현했다. 장님('시각장애인'이 맞는 표현이지만 여기서는 '장님'이라고 표현해야 할 듯하다)은 어딘가에 가고 싶지만 그곳에 혼자서는 갈 수 없다. 따라서 그는 앞을 볼 수 있는 절름발이를 어깨에 메고 그에게 자신이 원하는 목적지를 알려준다. 절름발이는 그 장소로 장님을 안내한다. 물론 여기서 장님이란 인간의 '이성'을, 절름발이는 '욕망'을 비유한 말일 것이다.

하지만 절름발이가 장님의 말에 무조건 따르는 것은 아니다. 이성은 욕망을 충족시킬 방법을 알려줄 수 있을 뿐, 그 방법을 실현할 힘은 가지고 있지 않기 때문이다. 이성은 욕망이 배고픔을 느낀다면 먹을 것을 찾는 방법을 알려주고, 다리가 아프다면 잠시 앉아 쉴 수 있는 곳을 찾아준다. 결국 선택은 욕망에 달려 있다. 즉, 이성은 방향을 제시해주는 역할을 할 뿐, 실질적인 행동과 추진은 욕망의 몫이라는 이야기이다.

그는 다양한 종류의 욕망 중 '생식 본능'이 가장 강력하다고 보았다. 심지어 인식이 이루어지는 뇌보다 성적 충동이 발산되는 생식기에서 더욱 강한 충동을 받는다고 이야기했을 정도로 말이다. 그는 말한다.

"생식기는 신체의 다른 어떤 외적인 부분보다 훨씬 더 의지에만 종속되고, 인식에는 전혀 종속되지 않는다. (중략) 생식이란 새로운 개체로 넘어가는 재생산에 불과하고, 말하자면 죽음이 제곱의 배설에 불과하듯이 제곱의 재생산이다."

우리가 고상하고 아름답다고 느끼는 사랑의 감정도 마찬가지이다. 그가 생각하기에 사랑의 감정은 그저 종족 보존을 위한 속임수에 불과하다. 자신에게 부족한 점을 가진 상대에게 끌리는 이유 또한 자신의 결점을 보완하고자 하는 무의식적인 욕망일 뿐이다.

●

고통에서 벗어나는
두 가지 방법

그렇다면 우리가 고통을 느끼는 이유는 무엇일까? 바로 의지의 무한함과 충족의 불완전성에서 나오는 괴리 때문이다. 우리의 욕망은 끝이 없다. 내가 산 차보다 등급이 더 높은 차를 갖고 싶어 하는 존재, 지금 사는 곳보다 조금 더 넓은 집에 살고 싶어 하는 존재, 지금 받는 것보다 더 높은 연봉을 받고 싶어 하는 존재가 바로 우리라는 이야기이다. 그런데 욕망은 늘 우리를 충족시키지 못한다. 50점을 받던 학생이 60점을 받았다고 해서 70점, 80점을 받고 싶지 않겠느냐는 말이다. 설령 100점을 받았다고 하더라도 우리는 그다음 시험에서, 또 다다음 시험에서도 100점을 받기를 원한다.

그럼 우리가 이 비극에서 벗어날 방법은 없는 걸까? 쇼펜하우어는 다음과 같이 두 가지 대안을 제시한다. 우선 첫째는 '심미적 관조'다. 심미적 관조란 대상의 아름다움을 통해서 얻는 일종의 황홀감을 말한다. 쇼펜하우어는 심미적 관조 상태에서 경험하는 안식과 평안이 우리에게 행복을 제공할 수 있다고 설명한다. 욕망의 눈으로만 세상을 바라보면 고통이 가득해 보이지만, 욕망에서 벗어난 순수한 시선으로 세상을 바라보면 그 속에 담긴 아름다움 또한 확인할 수 있다는 것이다. 이런 경험을 통해 우리는 잠시 삶의 고통에서 해방될 수 있다. 하지만 이는 임시적인 해결책에 불과한 경우가 많다. 온종일 천재 작가의 명화만 보고, 아름다운 영화와 소설만 감상하며 살 수 있는 사람은 별로 없기 때문이다.

그 때문에 쇼펜하우어는 둘째 대안으로 욕망으로부터 영원한 해방을 얻은 '무의 상태'를 제시한다. 이는 식욕, 성욕, 탐욕 등 고통의 원인이 되는 욕망을 부정함으로써 그 속박에서 벗어난 상태를 의미한다. 모든 욕망을 부정한 사람은 타인이 볼 때는 아무런 기쁨도 없이 결핍뿐인 삶을 사는 것처럼 보인다. 하지만 오히려 그는 바다와 같이 고요한 평화와 안식, 깊은 평정과 숭고한 명랑함 속에서 산다. 욕망에 휘둘리지 않고 '참된 자유'를 경험하게 되는 것이다. 그는 다음과 같이 말한다.

"우리는 욕망의 대상이 우리의 욕망을 만족시켜줄 것처럼 믿고 있지만, 사실은 그 욕망을 끊을 때만 참된 만족을 얻는다는 것을 모르고 있다. 욕망을 끊음으로써만 우리는 고뇌의 세계에서 해탈할 수 있다."

●

고통이
없다면

그럼 처음의 질문으로 돌아가보자. 고통만 가득한 세상, 그럼에도 우리가 이 세상을 살아내야 하는 이유는 대체 무엇일까? 자신의 힘으로는 어찌할 수 없는 욕망으로 고통받을 수밖에 없고, 그 고통에서 벗어나기 쉽지 않은 게 우리의 삶이라면 말이다. 쇼펜하우어의 철학처럼 욕망의 사슬을 끊어내고 열반의 경지에 오른다면 좋겠지만, 우린 모두 알고 있다. "그건 결코 모두를 위한 답이 될 수 없다"는 사실을 말이다.

각자 나름대로 생각한 바가 있겠지만, 아마도 쇼펜하우어는 자신이 쓴 문장 속에 그 나름의 답을 숨겨두지 않았나 싶다. 바로 다음의 문장에 말이다.

"만약 현실에서 모든 욕망을 순조롭게 다 채우고 항상 편안하고 만족스러운 삶을 살았다면, 셰익스피어나 괴테는 시를 쓰지 않았을 것이다. 플라톤은 철학을 탐구하지 않았을 것이며, 칸트 또한《순수이성비판》을 쓰지 않았을 것이다. 우리가 사상의 세계에서 만족을 얻으려고 하는 것은 현실 속에서 절망과 고통을 맛본 뒤의 일이다."

분명 삶은 고통스럽다. 굳이 고통스러운 행동을 하려고 하지 않더라도 말이다. 하지만 그 고통의 끝에서 누군가는 때때로 다시는 경험할 수 없을 것 같은 만족감과 개인 혹은 집단, 나아가 인류의 삶을 바꿀 수 있는 위대한 발견을 해내기도 한다. 너무 거창해서 부담스럽다고? 만약 부담스럽게 느껴진다면 (쇼펜하우어가 내가 이런 조언을 했다는 걸 알게 되면 아마 길길이 날뛰겠지만) 굳이 대단하고 거창한 결과물을 떠올리지 않아도 좋다. 꾸준한 연습 끝에 잘 칠 수 있게 된 피아노 연주곡 한 편, 오랜 시간 준비 끝에 차린 따뜻한 주말 저녁식사, 플라스틱 한 조각도 빼놓지 않은 꼼꼼한 재활용 습관이면 충분하다. 모두 귀찮고 불편한 일들이지만, 어쩌면 우리는 그런 행동으로 얻은 만족과 기쁨 덕분에 또 하루를 살아가고 있는지도 모른다. 고통 가득한 이 세상 속에서 말이다.

쾌락

행복의
시점

"오랫동안 고통을 인내함으로써
지극한 행복이 찾아온다면 이런 고통은 쾌락보다 낫다."
—

에피쿠로스

요즘 세대(라고 말하면 조금 애매하니 경제활동을 막 시작했거나 활발하게 하고 있는 20~40대라고 정의하자. 혹시 아나, 이 책이 10년 뒤에도 팔리고 있을지)에게는 크게 두 가지 삶의 방식이 존재하는 것처럼 보인다.

우선 첫째는 "지금을 즐기자" 유형. 인생은 한 번뿐이고, 뒷일 따위 생각하지 않는다는 이른바 '욜로(YOLO, You Only Live Once)'의 삶을 지향하는 것으로, 불확실한 미래를 꾸역꾸역 대비하며 불행할 바에는 차라리 현재의 삶에 집중하여 최대한의 행복과 즐거움을 누리겠다고 생각하는 경우가 여기에 해당한다. 둘째는 '어떻게든 미래에는 이렇게 안 살겠다'라고 다짐하는 유형. 지금은 죽겠, 아니 힘들지만 버티고 또 버텨서 이 지긋지긋한 일, 잠, 일, 잠의 굴레에서 벗어나겠다고 생각하는 경우를 말한다. 한때 유행처럼 번진 '파이어 운동(FIRE movement, 경제적 자유 또는 조기 은퇴를 추구하는 삶의 방식)'이 이러한 삶의 태도를 보여주는 예라고 할 수 있을 것이다.

이 두 가지 삶의 태도는 일면 상반되는 것처럼 보일 수 있지만, 실제로는 이 시대에 대한 하나의 인식을 공유한다. 바로 "우

린 좆 됐다"라는 것이다. 어차피 좆 됐으니 미래는 모르겠고 일
단 당장의 쾌락에 집중하자는 것이 전자의 접근법이라면, 엉망
진창인 현재를 꾸역꾸역 버티고 버텨 미래에는 이보다 조금 더
나은 삶을 살겠다는 것이 후자의 접근법이다. 그래, 맞다. 전자에
도 후자에도 발 붙이지 못한 채 평범하게 우왕좌왕하고 있는 우
리는 지금도 미래에도 완전히 좆 된 거다.

　그런데 이쯤 되면 드는 생각이 하나 있다. 아니, 그래서 앞으
로 우린 대체 어떻게 살아야 한단 말인가? 당장 길을 걷다 교통
사고로 생을 마감할 수도 있는 것이 우리 처지인데 오늘 마실 아
메리카노를 내일로 미루지 않는 것이 좋지 않을까 싶다가도, 그
렇게 막 쓰고 막 살다가 아무 일도 못 할 나이가 되어 홀로 고독
사하게 되면 어쩌나 싶은 걱정도 드는 것이 사실이기 때문이다.
이 심각하고 중차대한 고민을 바꿔 말하면 이런 문장쯤 되지 않
을까 싶다. 당장의 쾌락인가 나중의 행복인가, 그것이 문제로다!

손가락질당한
쾌락의 철학자

지금으로부터 약 2,300년 전, 그러니까 '헬레니즘 시대'라고 불
리는 시기의 사람들도 이 문제를 고민했다. 헬레니즘 시대는 알
렉산드로스 3세(알렉산더 대왕이라고도 불리는 인물이다)의 동방원

정을 계기로 그리스와 오리엔트 문화가 영향을 주고받으며 수많은 변화를 만들어낸 시기였다. 시대의 변화에 발맞춰 철학도 변화했다. 플라톤과 아리스토텔레스가 세운 아카데메이아와 리케이온은 여전히 인기 있는 교육기관 중 하나였지만, 동시에 많은 사람이 새 시대의 분위기와 가치관에 맞는 사상을 배우기를 바랐던 거다.

아리스토텔레스가 세상을 떠난 직후인 기원전 306년, 사모스섬 출신의 철학자가 아테네에 발을 디뎠다. 주인공은 에피쿠로스. 아테네에 도착한 그는 아카데메이아의 담장 옆에 위치한 케포스라는 정원을 구매하고, 이곳에서 자신의 철학을 펼쳤다. 그와 그의 추종자들은 이곳에서 공동체를 형성하며 살아갔는데, 꽤 교양 있는 분위기를 풍겨 설립 초부터 많은 이들의 관심을 받았다고 한다.

케포스는 인기를 얻는 동시에 수많은 구설에 오르기도 했다. 에피쿠로스의 독특한 운영정책 때문이었다. 공동체 안에 귀족 남성은 물론이고, 여성과 노예, 심지어 매춘부까지 받아들였던 거다. 요즘이라면 "그게 무슨 상관이람?" 하며 웃어넘길 일일지도 모르겠지만, 당시의 분위기는 그렇지 않았던 것 같다. 공동체의 일원이 된 매춘부를 애인으로 삼았다거나, 식사량이 하도 많아 하루에 두세 번씩 토했다는 낭설이 끊임없이 만들어졌다고 하니 말이다. 심지어 그의 이름에서 비롯된 단어인 '에피큐어(epicure)'는 오늘날 '식도락가'라는 의미로 사용될 정도이다.

인생을 즐겨라,
'숙고'해서!

에피쿠로스는 대체 무슨 사상을 펼쳤기에 이런 수많은 소문에
휩싸였을까? 우선 에피쿠로스는 플라톤과 데모크리토스의 학문
을 공부(농부이자 교사였던 아버지와 그의 동료 교사들이 이 학문을 에
피쿠로스에게 가르쳤을 것으로 보인다)했다. 그의 사상은 특히 데모
크리토스의 이론을 상당 부분 계승한다. 데모크리토스는 기원전
5세기 말부터 기원전 4세기 초까지 활약한 사상가이다. 그는 우
주가 허공과 그리고 이를 채우고 있는 '원자'로 이루어져 있다고
생각했다. 그가 말하는 원자란 더 이상 쪼갤 수 없을 만큼 작은
물질이다. 내부에 빈 곳이 없으며, 따라서 생성이나 소멸도 겪지
않는다.

　데모크리토스는 이 원자들이 허공에서 두 가지 방식으로 운
동한다고 주장했다. 수직으로 낙하하는 직선운동과 원자들 간의
충돌에 따른 직선운동이 그것이다. 에피쿠로스는 여기에 한 가
지 개념을 추가한다. 바로 '비스듬한 운동'이다. 에피쿠로스는 데
모크리토스의 주장처럼 원자가 수직 낙하 운동만 할 경우 상호
충돌이 불가능하다고 생각했다. 그 때문에 비스듬한 운동의 개
념을 추가하여 세상의 생성과 변화를 설명하고자 했다.

　하지만 그가 철학사의 한 페이지를 장식할 수 있도록 만들어

준 이론은 따로 있다. '쾌락주의' 말이다. 에피쿠로스는 인간의 본래적 목적은 쾌락에 있다고 생각했다. 하지만 그가 말하는 쾌락이 단순히 즉각적이고 순간적인 즐거움만을 이야기하는 것은 아니다. 그의 생각은 오히려 정반대에 가깝다. 그는 인생을 즐기되, '숙고'하며 즐겨야 한다고 조언한다. 지금 당장의 짧고 강렬한 쾌락을 추구하다 오랜 기간 고통받을 바에는, 당장의 즐거움을 조금 유예하더라도 오랫동안 지속될 수 있는 안녕을 추구해야 한다는 것이다. 다시 말해, 에피쿠로스는 통제 가능한 수준에서 즐거움을 추구해야만 행복을 보장받을 수 있다고 믿었다. 우리는 이러한 관점을 '계산적 쾌락주의'라고 부른다.

●

행복에 다가가는
여섯 가지 방법

에피쿠로스는 자신이 생각하는 가장 이상적인 상태를 '아타락시아(ataraxia)'라고 불렀다. 아타락시아는 고통이 없고, 마음의 동요에서 해방된 상태를 말한다. 그 때문에 에피쿠로스의 철학은 '평정의 쾌락'으로 정의되며, 이는 순간의 쾌락에 휩쓸리는 것이 아닌 좀 더 장기적이고 포괄적인 관점으로 쾌락을 받아들이는 태도라고 볼 수 있다. 에피쿠로스는 아타락시아에 도달하기 위해 우리가 시도할 수 있는 방법으로 여섯 가지가 있다고 믿었다. 그 내용은 다음과 같다.

하나. 인간과 멀리 떨어져 있는 신에 대한 두려움을 버려라.
둘. 죽은 뒤를 걱정하지 말아라.
셋. 사랑하고 믿을 수 있는 친구와 함께해라.
넷. 정치를 멀리해라. 그리고 행복을 위해서 인간이 가져야 할 물질적인 것들은 매우 적음을 깨달아라.
다섯. 고통은 오래 지속되지 않는다는 것을 알아라.
여섯. 사람들이 믿을 만하게 생각하는 사람이 되어라.

어떤가. 시대의 변화가 무색할 정도로 지금 우리에게 와닿는 내용이 많지 않나? 에피쿠로스와 그의 학파는 철학이 단순히 이론을 만들고 사유하는 과정에 그쳐서는 안 된다고 생각했다. 이들은 자신들의 철학이 사람들에게 '실천적 지혜'로 활용되기를 바랐다. 현재를 긍정했으며, 타인과의 관계를 소중하게 생각했고, 두려움을 멀리했다. 또한 소문과는 달리 물질적인 삶을 욕망하지 않았다.

처음의 질문으로 되돌아가보자. 당신은 무엇을 선택하고 싶은가? 정해진 답은 없다. 하지만 순간의 쾌락과 인내 끝에 얻게 될 행복 중 하나를 고르기 전, 어쩌면 '이것'을 놓치지는 않았는지 되돌아보면 좋겠다. 바로 행복은 물질적인 것에서만 오지 않는다는 사실을 말이다. 당신은 오늘 누구와 이야기 나누고 싶은

가? 무엇을 할 때 가장 즐거운가? 어떤 '삶'을 살고 싶은가? 어쩌면 이것이 우리가 스스로 자신에게 물어야 할 진짜 질문인지도 모른다.

내일 죽을 것을 알면서도
오늘을 사는 이유

"죽음을 은폐하고 그로부터 도피하는 것은
사실을 외면하기 위한 행위다."

—

하이데거

죽음을 생각하는 것은 곧 삶을 생각하는 것이다. 그 이유는 다음과 같다. 우선 삶 가운데에서 하는 생각은 어떤 형태로든 자신이 속한 삶에 관한 것일 가능성이 크다. 가령, 우리는 천국 혹은 지옥 따위를 생각할 때도 "내가 지금 어떤 삶을 살았느냐에 따라 사후의 결과가 달라진다"라는 전제를 두곤 한다. 지금과는 무관하게만 느껴지는 사후 세계를 떠올리는 일조차 결국은 삶을 생각하는 것이라면, 지금의 세계 혹은 그 경계에 관한 생각은 삶에 관한 것일 가능성이 크다.

이는 우리가 흔히 그렇듯 죽음을 삶의 최종 과정이라고 정의할 경우에 더욱 자명해진다. 인생을 한 편의 소설로 정의해보자. (소설은 실존했거나 허구인 한 사람의 삶 전체 혹은 일부를 서술한 경우가 많으므로 꽤 그럴듯한 비유가 될 수 있다.) 우리는 소설의 결말을 그 소설의 일부로 여기지 이를 결코 소설에 딸린 작가의 말이나 어느 명사의 추천사로 여기지 않는다. 소설의 끝은 누가 뭐라 해도 소설의 일부이다. 그러므로 삶의 끝인 죽음을 생각하는 일 역시 삶의 일부를 생각하는 것이다.

죽음에 관한 생각이 죽음의 형태나 방식에 관한 것일지라도 마찬가지다. 크리스티아누 호날두도, 시진핑 국가주석도, 이재용 부회장도 선택하지 못한 '태어남'과 달리, 죽음은 선택이 가능하다. 여기서 죽음을 선택할 수 있다는 말이 "당장 당신이 자살이라는 방법을 동원하여 생을 마감할 수 있다"라는 의미는 아니다. 죽음에 이르는 과정, 즉 삶의 순간순간을 선택함으로써 죽음에 이른 순간 당신 자신의 만족 혹은 당신에 대한 타인의 평가에 영향을 미칠 수 있다는 의미다.

그러므로 삶을 이해한 사람은 대개 죽음에 대해서도 어느 정도 이상의 이해에 다다랐을 가능성이 크다. 우리가 앞서 본 것처럼 죽음은 내 삶의 일부이며, 어쩌면 그 삶의 가장 중요한 과정이기 때문이다. 이제 막 재미있어지기 시작한 드라마가 갑자기 방송사 사정으로 남녀 주인공을 모두 교통사고로 죽인 뒤 종영되었다고 생각해보라. 혹은 한참 잘나가던 드라마를 마지막 회에 와서 지금까지의 모든 이야기가 다 소설이었다고 결론지어버린다면? 이처럼 죽음이라는 마지막 과정의 중요성을 이해하지 못한 사람은 절대 자신의 삶에서도 올바른 선택 혹은 좋은 결과물을 얻어낼 수 없다. 이쯤 되면 자신에게 질문해보자. 대체 죽음이란 무엇인가? 우리는 결국 죽을 것을 알면서도 왜 이렇게 열심히 살아가는가?

죽음의 시대를 산
존재의 철학자

여기 죽음의 시대에 태어나 삶에 대해 이야기한 철학자가 있다. 바로 20세기 독일의 철학자 마르틴 하이데거다. 그는 1889년 독일 서남부 바덴주에 위치한 메스키르히라는 마을에서 태어났다. 그의 가족은 가난했지만, 하이데거는 그의 영특함을 눈여겨본 예수회 사제 덕분에 장학금을 받고 꾸준히 학업을 이어갈 수 있었다. 조건은 졸업 후에 학자 신부가 되는 것. 하지만 그는 건강상의 문제로 신학 공부를 포기할 수밖에 없었고, 이는 그가 철학의 길로 발 들이는 계기가 된다.

그는 프란츠 브렌타노의 학위 논문 〈아리스토텔레스가 생각한 존재자의 다양한 의미에 대하여〉를 읽고 철학에 깊은 관심을 갖게 되었다. 이윽고 브렌타노의 제자였던 후설의 사상에도 깊은 관심을 가지게 되었는데, 30세가 되던 1919년에는 후설의 제자가 되기에 이른다. 그리고 8년 뒤인 1927년, 자신의 대표작인《존재와 시간》을 펴내고 마르부르크 대학의 정교수로 부임한다. 알려진 이야기에 따르면, 당시 교육부에서는 하이데거가 아닌 다른 학자를 정교수 후보로 두고 논의를 진행 중이었다고 한다. 소식을 들은 철학자 막스 셸러가 그날로 장관을 만나러 가서는 "하이데거가 아닌 다른 사람을 정교수로 임명하면 당신은 역사에 길이 남을 망신거리를 만드는 것"이라고 말했다고 한다. 물론 장관 역시 이 정도로 강한 설득에 넘어가지 않을 이유는 없었고 말이다.

하이데거는 젊은 시절부터 '꽤 잘나가는' 교수가 되었지만 평생 검소한 생활 태도를 유지한 것으로 유명하다. 어느 날 오스트리아 빈 출신의 철학자가 하이데거가 살고 있는 지역에 찾아와 하이데거의 철학에 관한 강연을 했다고 한다. 그런데 그날 맨 앞줄에 앉아 있던 농부가 그의 말을 다 알아듣겠다는 듯 연신 고개를 끄덕이는 것 아닌가. 그는 자신이 철학 전공자들도 이해하기 어려운 하이데거의 사상을 시골 농부도 이해할 만큼 쉽게 설명했다며 매우 흡족해했다. 하지만 그날 저녁 하이데거를 만난 그는 크게 놀랄 수밖에 없었다. 그날 그의 강연에서 연신 고개를 끄덕이던 농부가 바로 하이데거였기 때문이다.

그냥 존재하는가,
존재의 의미를 고민하는가

그러면 도대체 하이데거는 어떤 철학 체계를 세웠기에 이처럼 많은 사람에게 인정받을 수 있었을까? 그의 사유를 살펴보기 전, 잠시 시간을 내어 그가 사용한 몇 가지 용어들을 살펴보자.

우선 그는 기존의 서구 형이상학이 '존재(Sein)'와 '존재자

(Seiende)'를 혼동하는 실수를 저질렀다고 말한다. 존재와 존재자란 무엇일까? 우선 '존재자'란 그냥 존재하고 있을 뿐인 것을 말한다. 이 설명에 따르면 당신이 지금 읽고 있는 이 책도, 책을 읽을 수 있도록 빛을 내주는 형광등도, 창문 밖에서 하늘거리는 저 나무도 모두 존재자라고 볼 수 있다. 반면 '존재'란 각각의 존재자가 가진 고유한 성격을 일컫는 말이다. 하이데거는 지구상의 존재자 중 오직 인간만이 자신의 존재를 묻고 이해할 수 있다고 보았다. 그는 이를 '현존재(Da-Sein)'라고 표현하며, "인간은 스스로 자기 자신의 존재를 떠맡는다"라고 강조한다.

그는 현존재의 특징을 크게 세 가지로 나누어 설명했다. 우선 첫째 특징은 '세계 안의 존재'이다. 이는 자신이 선택하지도 만들지도 않은 세계에 자신의 의사와는 관계없이 던져졌다는 의미이다. 생각해보라. "나는 세상에 태어나고 싶어서 태어났다"라고 말할 수 있는 사람이 어디에 있는지. 우리는 그저 선택하지도 못한 상태로 세상에 태어나 살고 있을 뿐이다. 하이데거는 이러한 상태를 "피투(被投)되었다"라고 설명한다. 둘째 특징은 '불안'이다. 우리는 때때로 '나는 대체 왜 여기 살고 있지?' '이 세상을 사는 게 도대체 무슨 의미가 있지?'라며 불안해한다. 이런 불안 섞인 물음은 누구에게나 다가오게 마련이다. 마지막 특징은 '죽음의 자각'이다. 인간은 누구나 죽게 마련이며, 언젠가 이 세상을 강제로 떠날 수밖에 없다는 사실을 깨닫는다. 불안의 끝에 서게 되는 거다. 그런데 이를 자각함으로써 우리는 좌절하기보다는 외려 '더 잘 살기 위해' 노력한다. 하이데거는 이러한 특징을 '기투(企投)'라고 부른다.

●

나에게 주어진 결말, '죽음을 직시하라'

하이데거는 다음과 같이 말한다.

"죽음을 제대로 이해하는 존재란, 이미 성격 지어진 이 가능성으로부터 도망치지도 않고 그것을 은폐하지도 않는 존재를 뜻한다."

조금 더 쉽게 정리해보자. 우리는 자신의 의지도, 특별한 목표도 없이 세상에 태어난다. 대개 아무런 생각 없이 살아가지만, 그 사실을 자각하며 이로 인해 불안을 느끼기도 한다. 그러한 불안의 끝에는 '죽음'이 존재한다. 죽음은 인간이라면 누구나 피할 수 없는 현실이기 때문이다. 하지만 인간이 죽음에 대한 자각 때문에 좌절만 하는 건 아니다. 오히려 누군가는 그 자각을 발판 삼아 새로운 가능성을 향해 나아간다. 끊임없이 피어오르는 불안, 자신의 의지를 벗어난 현실이 역설적으로 자기 자신의 존재와 자유의 의미를 깨닫게 하는 계기가 되는 것이다.

물론 알다시피 모두가 이런 주체적인 삶을 살아가는 것은 아니다. 그저 '남들이 하는 대로' '그저 주어진 대로' 살아가며, 하루하루 무사한 것에 안도하는 경우도 많다. 하이데거는 이런 삶을 "본래적이지 못한 삶"이라고 표현하며, 이를 벗어나기 위해서는 인간 누구에게나 주어진 결말인 죽음을 제대로 직시해야 한다고 강조한다.

●

비본래적 삶을 산
하이데거

그렇다면 '존재'와 '본래적 삶'을 부르짖던 철학자는 자신의 철학에 걸맞은 삶을 살았을까? 답은 "글쎄"다. 하이데거가 살아간 20세기 초는 그 어느 때보다 짙은 어둠의 그림자가 인류 역사에 드리운 시기였다. 두 차례의 세계대전이 일어났으므로.

하이데거 역시 이 사건에서 자유로울 수 없다. 나치와 연관된 행적을 보였기 때문이다. 특히 그가 프라이부르크 대학의 총장으로 취임한 날인 1933년 5월 27일의 연설은 전쟁이 끝난 뒤에도 많은 논란을 일으켰다. 그는 이날 '독일 대학의 자기주장'이라는 주제로 사람들 앞에 서서 연설했다. 내용은 이른바 '3대 봉사'에 관한 것으로, 학생들이 지식을 추구할 뿐 아니라 노동과 군사훈련에도 적극적으로 동참해달라고 호소하는 내용이 주를 이뤘다. 참고로 이때는 히틀러가 이끄는 국가사회주의당, 일명 나치가 3월 총선거에서 288석을 얻으며 정권을 완전히 장악한 시기였다.

누군가는 다음과 같은 숨겨진 사실이 있다고 말하기도 한다. 그가 당시 나치에 협조해 총장이 된 것은 나치에 의해 파면당한 전임 총장의 부탁이었으며, 총장에 취임한 뒤부터는 나치의 의도와는 정반대의 행보를 보였다는 것이다. 실제로 총장으로 재직하던 당시, 하이데거는 대학 내 반유대주의 현수막의 게양을 금지한 것은 물론, 도서관 내 유대인 저자들의 장서를 불태우려는 시도를 막기도 했다. 이처럼 사사건건 나치 당국과 부딪치던 그는 결국 10개월 만에 자진해서 총장직에서 물러나게 된다.

그럼에도 그가 나치즘에 동조하거나 최소한 방관했다는 것만큼은 부정할 수 없는 사실이다. 나치 당국에 동료 교수를 반체제 인사로 고발하였으며, 총장에 취임한 해의 또 다른 연설에서 "오직 히틀러 총통만이 독일의 진정한 현실이자 법"이라는 발언을 하기도 했던 거다. 결국 그는 종전 후 자신의 뜻과는 다른 삶을 살 수밖에 없었다. 나치에 협조했다는 이유로 한동안 강의가 금지되었으며, 이후에도 은둔에 가까운 생활 끝에 생을 마감한다.

그의 삶에 대해 우리는 어떤 평가를 내려야 할까? 삶에 대한 평가와는 별개로 그의 철학적 통찰만큼은 받아들이는 것이 좋을까, 아니면 둘을 분리하여 생각하는 것 자체가 위험한 발상일까? 글쎄, 그것은 어쩌면 우리가 이번 장에서 물어야 할 또 다른 문

제인지도 모르겠다. 때때로 어떤 선택은 죽음만큼 어렵게 느껴
지는 법이니 말이다.

2.

좋아했던
열정을

되찾고
싶다면

쓰임

비어 있어야
생기는 쓰임

“진흙을 이겨서 그릇을 만드는데
그 '비어 있음(無)'으로 해서 그릇으로서의 쓰임이 생긴다.”
—
노자

성인이 된 뒤부터 우리를 따라다니는 공포 중 하나가 바로 '내가 쓸모없는 사람'이 되지 않을까 하는 것이다. 사회생활을 시작한 지 꽤 오랜 시간이 지난 뒤에도, 아니 오래되면 오래될수록 그 공포는 더 거세게 우리를 옥죈다. '새로 들어간 직장에서 내가 도움 되지 않는 사람이라고 판단하면 어쩌지?' '내가 중요하지 않게 되어서 진급하지 못하면 어쩌지?' 같은 현실적인 불안부터 '삶의 마지막 순간, 세상에 가치를 더하지 않은 별 볼 일 없는 사람이었다고 느끼게 되면 어떻게 하지?' 같은 꽤 철학적인 불안까지. 그 공포는 크기와 범위, 방향을 달리하며 우리를 철저하게 괴롭힌다.

더 큰 문제는 이런 불안과 공포가 더 나은 선택과 결정을 하는 데 방해가 되는 경우가 많다는 사실이다. 평생이 걸릴지도 모를 중요한 일을 깊은 고민 없이 급하게 결정한다거나, 모처럼 주어진 기회들을 하나도 놓치지 않겠다며 욕심부리다 탈이 나는 경우가 대표적인 사례다. '또 같은 실수를 했네'라고 생각하며 후회할 때는 이미 되돌릴 수 없는 경우가 많다. 불안해서 옳은 결정을 하지 못하고, 옳은 결정을 하지 못해서 또 불안하고, 불안해서 또 잘못된 결정을 하는 불안과 실수의 연속 굴레에 빠져버리게 된달까.

우리는 누구나 쓸모 있는 사람이 되고 싶어 한다. 가족과 친구에게 위로와 위안이 되는 사람이 되고 싶어 하고, 직장과 사회에서 도움이 되는 존재가 되었으면 한다. 나의 쓸모에 관한 의심과 고민들로 불안해하고 싶어 하지 않는다. 과연 그런 날은 올까? 아니, 그럴 방법이 애당초 있기는 한 걸까?

●

62년 만에 태어난 노인,
아니 노자

질문에 대한 답을 찾기 전, 이 사람의 삶부터 살펴보자. 때는 기원전 600년경이다. 중국 초나라 어느 지방에서 한 여인이 자두나무(李樹)에 기대어 아이를 낳았다. 전해지는 이야기에 따르면 그녀는 어느 날 떨어지는 별을 보며 찬양하는 노래를 불렀다. 그리고 그 뒤 (비극적으로) 62년 동안 임신한다. 아이는 태어나자마자 말을 했고, 머리카락은 눈처럼 하얬다. (뭐, 배 속에서라 해도 62년을 살았으니 어쩌면 당연한 얘기다.) 세상 밖으로 나온 아이, 아니 노인은 주위에 심겨 있는 자두나무를 가리키며 "나는 이 나무를 따서 성을 짓겠다"라고 말했다. 그러고는 자두나무의 이(李)와 자신의 큰 귀를 상징하는 이(耳)를 붙여 스스로 이름을 이

이(李耳)라 붙였다. 하지만 이 노인, 아니 아이가 예상하지 못한 게 있었다. 하얗게 새어 있는 머리카락을 본 사람들이 그를 다른 이름으로 불렀던 거다. 늙을 노(老) 자를 쓴 노자라고 말이다.

참고로 사마천의 《사기》에 따르면 노자는 160세 또는 200세까지 살았다. 그가 공자보다 연장자이며 공자가 노자에게 예(禮)를 물었다는 기록도 있지만, 최근에는 노자를 공자보다 훨씬 뒤 세대 인물로 추정하는 경우가 많은 편이다.

이후 그는 주나라에서 왕실의 장서 관리를 도맡는 수장고 관리로 40여 년을 근무했다. 일하는 동안 자신의 재능이 드러나지 않도록 하기 위해 무던히 애를 썼다고. 앞서 말한 공자와 노자의 일화도 이즈음에 있었던 일이다. 노자는 예를 묻는 공자에게 다음과 같이 이야기했다고 한다.

"군자는 때를 만나면 나아가서 벼슬을 하지만, 때를 만나지 못하면 뒤로 물러나 숨어야 하는 것이오. 내 일찍이 듣기를 '훌륭한 장사꾼은 귀중품을 감춰놓은 채 아무것도 없는 듯이 행동하고, 완전한 덕성을 갖춘 사람은 겉으로는 다만 평범한 사람으로 보인다'라고 했소. 그러니 그대는 몸에 지닌 그 교만과 욕심과 위선 따위를 다 버리시오."

하지만 재능은 결국 드러나게 되어 있는 법이다. 노자는 망해가는 주나라를 떠나던 도중, 국경의 수비군이었던 윤희(尹喜)라는 인물을 만나게 되었다. 그는 한눈에 노자의 재능을 알아보고 숨어 지내기 전 자신에게 책 한 권만 남겨달라고 애원했다. 고심하던 노자는 5,000여 자로 이뤄진 짧은 책을 남기고 그곳을 홀연히 떠났다. 책의 이름은 《도덕경》. 독일의 철학자인 슈퇴리히는 《도덕경》을 두고 "세계에 단 세 권의 책만 남기고 모두 불태워버려야 한다면, 이 책만큼은 반드시 그 세 권 가운데 들어야 한다"라고 이야기했다.

하지 않음으로써
해내다

노자는 유가를 비롯한 당대의 여러 학파가 내세운 명분주의와 인위적인 조작에 반대한 철학자이다. 그는 무위자연(無爲自然)의 입장을 취해야 한다고 주장했다. 여기서 무위란 행함(爲)이 없음(無)을 뜻하는 말이다. '인위적인 제도나 노력, 질서 등을 실행하지 않음'을 이야기한다고 볼 수 있다. 또한 자연이란 세상 만물의 도와 진리를 품고 있는 궁극적인 실재를 의미한다. 즉, 무위자연이란 인위적인 제도 또는 노력을 하지 않음으로써 궁극적이고 완전한 실재에 다가서게 된다는 도가 특유의 사상을 의미하는 말이라고 할 수 있다.

노자는 무위자연 사상을 그릇에 비유한다. 우리가 그릇을 쓰는 이유는 무엇일까? 노자는 "비어 있기 때문"이라고 말한다. 우리는 무언가를 담기 위한 용도로 그릇을 사용한다. 오목한 그릇에는 밥과 국을 담고, 넓고 평평한 그릇에는 제육볶음이나 생선구이 같은 요리와 반찬을 담는 식이다. 반대로 가득 차거나 빈틈이 없는 그릇에는 아무것도 담지 못한다. 쓸모없는 물건이 되어버리는 거다. 그는 이렇게 말한다.

"서른 개의 바큇살이 모이는 바퀴 통은 그 속이 '비어 있음(無)'으로 해서 수레로서의 쓰임이 생긴다. 진흙을 이겨서 그릇을 만드는데 그 '비어 있음(無)'으로 해서 그릇으로서의 쓰임이 생긴다. 문과 창문을 내어 방을 만드는데 그 '비어 있음(無)'으로 해서 방으로서의 쓰임이 생긴다. 따라서 유(有)가 이로운 것은 무(無)가 용(用)이 되기 때문이다."

노자를 비롯한 도가 사상가들은 세상 만물이 생기고 존재하게 만드는 '무언가'가 있다고 생각했다. 이들은 이를 도(道)라고 불렀는데, 동시에 이것은 '이름 붙일 수 없는 것(無名)'이라고 말하기도 했다. '도'라는 이름은 그저 그것을 인간의 언어로 표현해야 하기 때문에 붙인 이름일 뿐 실제로는 말로 표현될 수 없는 성질을 지닌 무언가라고 생각했기 때문이다. 노자는 이러한 '도'가 천지의 시초라고 말했다. 도는 마치 비어 있는 그릇의 쓸모처럼 만물의 근원이 되며, 동식물과 사물 등 우리가 이름 붙인 주

모든 것들의 근원이 된다고 보았던 거다.

●

억지를 피하고
자연스럽게

노자는 우리의 삶에도 무위자연의 이치가 적용되어야 한다고 생각했다. 여기서 무위란 '아무것도 하지 않는 것'이 아니다. 오히려 이는 '억지나 강제를 피하고 자연스럽게 행동'하는 쪽에 가깝다. 그는 인간의 과도한 행동이 '하지 않음'보다 못한 결과를 낳는다고 생각했다.

그 예로 사족(蛇足)을 들 수 있다. 어느 날, 노동자들이 모여 술을 마시고 있었다. 술이 부족했던 노동자들은 땅에 뱀을 그려서 먼저 그림을 완성한 사람이 모두 마시기로 약속했다. 그런데 그리기를 시작한 순간, 한 사람이 "나는 뱀의 다리도 그릴 수 있다"라며 한 손에 술을 들고 그림을 그리기 시작했다. 그러자 다른 사람이 "뱀은 다리가 없는 동물이다. 당신은 왜 없는 것을 그리려 애쓰는가?"라며 뱀을 먼저 다 그린 뒤 술을 빼앗아 마셔버렸다. 과도한 욕심과 열정이 오히려 독이 되었던 거다.

노자의 정치 이론도 이러한 입장과 일맥상통한다. 그는 좋은 통치자의 역할은 "인위적인 일을 하지 않는 것"이라고 보았다. 쓸데없이 법을 많이 만들거나 힘으로 나라를 다스리려고 애쓰기보다는 말없이 담담하게 자신의 덕을 펼쳐나가는 것이 통치자의 임무라고 보았던 거다. 그는 이를 위해 작은 나라, 적은 수의 백성을 이상 사회의 조건으로 제시했다. 노자는 사람들이 소박한 삶을 살 수 있도록 도와주는 것이 국가의 역할이라고 보았던 것이다.

●

잠깐 내려놓아도
아무렇지 않다

우리는 늘 무언가를 해내고 싶어 한다. 그 '해냄'의 성과를 통해 자신의 쓸모를 증명하고 싶은 거다. 하지만 문제는 삶이 늘 뜻대로 흘러가지 않는다는 사실에 있다. 계획한 일은 실패하기 쉽고, 때로는 그 실패에 조급해진다. 실패와 조급함이 만나면 그다음은 뻔하다. 뭐라도 기회를 잡으려 발버둥 치고, 자신을 혹사하거나 함께하는 누군가를 다그치는 거다. 그 결과 노력하면 노력할수록 일은 더 잘못된 방향으로 흘러가기 시작한다. 능력 이상으로 감당해야 할 일들이 늘어나게 되니 이전 같으면 하지 않았을 실수를 하게 되고, 그 실수가 반복되면 그나마 주어졌던 기회를 잃고 만다.

　노자는 수많은 나라가 중국을 통일하기 위해 각축전을 벌이던 혼란기를 산 인물이었다. 각 나라의 지도자와 정치가, 사상가들은 각자 자기 나름의 명분과 정의를 내세워 자신들의 뜻을 이루고자 했다. 지도자들은 조금이라도 더 많은 땅을 차지하기 위해 발버둥 쳤고, 사상가들은 그런 이들을 꾀어 자신이 등용되고 이름이 알려지도록 분투했다. 물론 이들의 계획은 대부분 성공하지 못했다. 이들은 실패할 때마다 더 조급해졌으며, 그 조급증으로 인해 수많은 백성이 고통받았다. 노자는 이런 시대를 직접 겪으며 생각했던 듯하다. '세상을 이처럼 고통스럽게 만드는 것은 자신의 쓸모를 증명하기 위해 발버둥 치는 사람들일지도 모른다'라고 말이다.

노자가 만약 지금 되살아난다면 어떤 생각을 할까? 아마 자신의 시대와 크게 다르지 않다고 생각하지 않을까? 여전히 혼란한 시대 상황, 그 속에서 자신을 증명하기 위해 애쓰는 사람들을 보면서 말이다. 그는 우리를 보며 이런 조언을 할지도 모르겠다. "잠깐만 내려놓고 지내보는 건 어떻습니까? 너무 바쁘고 지쳐 보여서 무어라 조언도 못 하겠고 제안도 하기 어려워 보이네요. 흘러가는 건 흘러가도록 놔둬봅시다. 그런다고 세상 끝나는 거 아니지 않나요?"라고 말이다.

만약 지금 일이 뜻대로 되지 않아서 고민 중이라면, 자신의 쓸모를 고민하다 지쳐버렸다면 잠깐만이라도 노자의 조언을 따라보면 어떨까? 손해 볼 것 없지 않은가. 아무런 일이 일어나지 않더라도 잠시 휴가를 다녀왔다고 생각해도 되는 것이니 말이다. 어쩌면 그 기간 동안 미처 보지 못했던 자신의 기회와 가능성을 마주하게 될지도 모른다. 성장하기 위해 끊임없이 고민하고 노력했던 당신이라면 더더욱 말이다.

행복

행복의 모습은
정해져 있지 않다

"사소한 행위에서도 행복감을 느낄 수 있지만,
진정한 행복은 쉽게 얻어지지 않는다."
—

제논

짝꿍과 대화를 하다 보면 종종 곰돌이 푸가 그려진 예쁜 책 한 권이 떠오른다. 《곰돌이 푸, 행복한 일은 매일 있어》라는 책 말이다. 세상 모든 불행을 다 짊어지고 사는 것처럼 보이는 나와 달리, 짝꿍에겐 행복한 일투성이다. 내일이 금요일이라 행복(아니, 내일이 토요일인 것도 아닌데 행복하다고?)하고, 주말 저녁으로 간장게장을 먹을 수 있어 행복(한 끼 먹는 게 행복하기까지 할 일인가?)하고, 일 때문에 온몸이 아픈데 잠자기 전 내가 뭉친 근육을 풀어주어 행복(아픈 게 먼저 아니야??)하단다. 그뿐이랴. 그녀는 잠시 시간 내어 함께 산책할 수 있음에도 행복해하고, 좋아하는 작가가 책을 자주, 많이 내는 것에도 행복해한다. 세어보진 않았지만 주말 혹은 연휴에는 행복한 일이 100개쯤 되는 것 같다.

　너는 어쩜 이렇게 자주 행복해할 수 있냐며 신기해하는 내게 짝꿍은 "너는 왜 이런 수많은 일을 행복해하지 않냐"라고 되묻는다. 그 물음을 마주하다 보면, "매일 행복하진 않지만 행복한 일은 매일 있어"라는 푸의 대사가 머릿속에 절로 떠오를 수밖에 없달까. 나는 도대체 왜 이런 차이가 생겨나는 건지 꽤 오랫동안 궁금했고, 또 고민했다. 수많은 일을 함께 경험하는데 매번 다른 반응과 감정으로 이를 마주하다니. 정말 미스터리한 일 아니냔 말이다. 어찌 됐든 오랜 고민 끝에 나는 이런 결론을 내리기로 했다. 바로 "행복을 이해하고 접근하는 방식 자체가 다르다"라고 말이다.

짝꿍에게 행복이란 일종의 '느낌'이나 '기분'처럼 보인다. 문득 기쁜 기분이 들면 행복하다고 느끼고, 즐거운 일이 생기면 또 행복할 수 있다. 반면 나에게 행복이란 생각하고 고민해서 접근해야 하는 '문제'다. 나는 "도대체 행복이 뭐지? 내가 고작 이런 일로 행복해도 되는 걸까?" 끊임없이 검열하고, 반성하며, 자신을 억누른다. 그러다 보면 때때로 악순환이 반복되기도 한다. 무언가를 느끼고, 이건 행복이 아니라고 마음을 다잡고, 그렇게 행복을 느낄 일들이 하나하나 줄어들고, 결국 또 행복이 무엇인지 모르겠는 상황 말이다. 아아, 도대체 행복이란 무엇인가!

●

불행에서 시작된
행복

기원전 4세기경, 잘나가던 무역상이 하루아침에 망해버렸다. 바로 스토아 철학의 창시자인 제논의 이야기이다. 그는 바다 달팽이의 체액에서 추출한 보라색 염료인 '티리언 퍼플'을 판매하는 상인이었다고 알려진다. 짙은 자주색을 띠는 이 염료는 만들기가 매우 어려웠고, 그만큼 비쌌다. 심지어 당시에는 "자주색 속에서 태어났다(born in purple)"라는 말이 고귀한 혈통임을 암시하는 표현으로 사용되었을 정도다. 제논은 가족 대대로 이런 귀한 물건을 거래하던 무역상이었고, 그 덕분에 남부럽지 않은 삶을 살았다고 한다.

성공은 오래 걸리지만, 실패는 한순간이다. 어느 날 그의 화물을 싣고 가던 배가 난파되는 바람에 가진 재산을 모두 잃고 만거다. 그는 세상 모든 불행을 짊어진 것처럼 낙담한 얼굴로 아테네 이곳저곳을 배회했다. 그리고 어느 골목에 있는 서점에서 발길을 멈췄다. 그곳 서점에서는 마침 낭독회가 열리고 있었다. 낭독의 주제는 소크라테스의 삶과 철학이었다. 낭독회를 지켜보던 제논은 크세노폰의 책《소크라테스의 회상》을 듣다가 큰 깨달음을 얻었다.

그의 마음을 철학으로 이끈 것은 그 책에 담긴 '헤라클레스의 선택'이라는 이야기였다고 한다. 헤라클레스는 이 이야기 속에서 열심히 노력하는 삶을 뜻하는 '선한 여성'과 게으른 삶을 나타내는 '악한 여성' 중 한 사람을 골라야 했다. 마음이 몸을 지배할 수 있도록 끊임없이 단련해야 한다고 말하는 선한 여성과 즉각적으로 얻을 수 있는 즐거움을 선택해야 한다고 말하는 악한 여성. 이야기를 모두 들은 제논은 이 중 고되고 힘들지만 선한 길을 택하기로 결심한다. 참고로 그가 이 시기 이렇게 외쳤다는 말도 있다.

상인,
철학자를 따르다

결심을 한 제논은 낭독을 마친 서점 주인에게 다가가 질문했다. "내가 가고자 하는 길을 걷게 해줄 소크라테스 같은 스승을 만나고 싶소." 될놈될. 이야기를 듣고 있던 서점 주인은 망설임 없이 손을 들어 서점 앞을 지나가고 있는 한 사람을 가리켰다. "저 사람이오." 그는 바로 철학자 크라테스였다.

크라테스는 욕망의 절제를 강조한 철학자였다. 심지어 철학자가 되기로 결심한 뒤 상속받은 돈을 모두 바닷물에 던지고, 논밭은 양치는 목장으로 개방해버렸다. 그리고 자신은 거지처럼 생활하며 사유하고, 사색했다. 사람들은 그를 '튤레파노이게테스'라고 불렀다. 문을 열어젖히는 사람이라는 뜻으로, 때때로 그가 아무 집 문이나 불쑥 열고 들어가 충고를 했기 때문이다. 요즘이라면 주거침입죄로 몇 번은 쇠고랑을 찼겠지만 이 시대에는 그러지 않았던 모양이다. 많은 사람이 이 거지, 아니 철학자를 위해 집집마다 "선한 신 크라테스의 입구"라고 쓰고 맞이해 주었다니 말이다.

제논은 크라테스를 따르기로 결심하고 자신의 삶을 180도 바꾸어버린다. 호화로웠던 식사 메뉴는 빵과 꿀, 포도주 정도로 제한했고, 아플 때도 굳이 몸에 좋은 음식을 챙겨 먹으려 하지 않았다. 하인은 거의 고용하지 않았으며, 집도 룸메이트와 공유하며 소박한 삶을 지향했다. 더불어 교육, 법률, 이성과 감성, 인간의 본성 등 다양한 분야에 걸쳐 자신의 생각을 담은 글을 썼다. 안타깝게도, 지금까지 남아 있는 것은 1~2문장으로 이루어진 발췌문뿐이지만 말이다.

●

흔들릴 바엔
차라리 죽음을 달라

크라테스와의 공부를 어느 정도 마쳤다고 생각한 제논은 학생들을 모아 자신의 철학을 가르치고, 토론했다. 그가 만든 학파의 이름인 '스토아'는 이들이 토론을 위해 모인 장소인 스토아 포이킬레(Stoa Poikile), 즉 채색 주랑의 이름을 딴 것이다. 벽이나 막힌 곳 없이 누구에게나 열린 공간. 그곳은 어쩌면 제논의 철학이 가장 잘 실현될 수 있는 구조였다.

　그럼 대체 이들은 함께 모여서 무엇을 토론하고 지향했을까? 스토아학파는 동시대 학파였던 에피쿠로스학파와 마찬가지로 '행복'을 추구했다. 하지만 행복을 향한 두 학파의 접근 방식은 크게 달랐다. 쾌락을 통한 행복을 지향(물론 우리가 지금 생각하는 쾌락과는 다소 거리가 있는 개념이다)했던 에피쿠로스학파와 달리, 스토아학파는 금욕을 통한 행복을 추구했다. 이들은 인간이 지닌 지혜를 바탕으로 자신의 욕망을 인정하고 통제해야 한다고 여겼다.

심지어 인간에게 주어진 가장 큰 위협인 죽음 앞에 서더라도 이성으로 감정을 억제하는 것이 옳다고 여겼을 정도다. 그 바람에 끝이 좋지 않은 경우도 많았다. 제논은 72세의 나이에 학당을 나서다가 손가락이 부러진 뒤 스스로 숨을 참아 목숨을 끊었으며, 그의 뒤를 이어 스토아학파의 지도자가 된 클레안테스도 스스로 굶어 죽었으니 말이다.

후기 스토아 학자인 세네카의 죽음도 유명한 일화다. 그는 로마의 폭군 네로 황제에 의해 죽임을 당했다. 네로 황제는 그의 스승이었던 세네카를 재임 초기만 해도 신뢰를 했다고 한다. 하지만 결국 끊임없이 피어오르는 의심을 참지 못하고 그에게 사형 선고를 내리고 만다. 처음에는 동맥을 끊었지만 워낙 빈약한 식습관을 가진 탓에 피 한 방울 나오지 않았고, 이후 여러 방법을 동원했지만 죽지 않아 끝내 그를 독약을 푼 뜨거운 물에 집어넣기까지 했다. 세네카는 마지막 순간에도 "이 물은 주피터 신의 거룩한 물"이라고 외쳤다고 한다.

이해는 잘 안 되지만, 이들이 이런 선택을 한 이유는 외부에 흔들리지 않는 부동심을 갖고자 했기 때문이다. 즉, 이리저리 휘둘리는 삶을 살 바에는 차라리 스스로 목숨을 끊겠다는 결심을 한 것이다. 물론 이유를 안다고 해서 이들의 선택이 납득되는 건 아니지만 말이다.

●

하늘이 무너져도
살아날 구멍은 있다

스토아 철학자들은 모든 자연에 이성의 법칙이 작용한다고 생각했다. 그리고 이러한 자신들의 견해를 설명하기 위해 독창적인 신의 개념을 도입한다. 신을 모든 자연에 존재하는 이성적 실재라고 보는 '범신론(汎神論)'이 바로 그것이다. 이들은 이러한 신이 세계 전반을 통제하고, 배열하며, 사건의 경과를 결정한다고 생각했다. 또한 이성을 통한 세계의 운용 원리를 '로고스(Logos)'라고 불렀다.

그렇다면 인간은 어떻게 살아가야 할까? 스토아학파는 이론에만 머물지 않고 윤리학을 실천의 영역으로 가져오고자 노력했다. 이를 위해 이들은 두 가지 근본적 요구를 제시한다.

우선 첫째 요구는 행위 생활에 관한 것이다. 스토아 철학자들은 과감하게 일을 시작하고, 결단에 따라 행해야 한다고 보았다. 또한 괴로움을 참고, 쾌락을 버려야 하며, 일관성을 지키기 위한 노력을 꾸준히 기울여야 한다고 조언한다. 아울러 이런 실천적인 삶을 가능하게 해주는 가장 좋은 방법은 "공공생활에의 참여"라고 한다. 이들은 인간이 사회적 존재라는 사실을 잊지 않아야 한다고 말한다. 그 때문에 덕이 있는 사람이 되기 위해선 고독 속에 처박혀 있기보다는 활동적인 생활을 하고자 노력해야 한다고 강조했다.

둘째 요구는 아파테이아(apatheia)에 대한 권고이다. 아파테이아란 정념이 없는 마음의 상태를 일컫는 말이다. 이는 사실 첫째 요구의 전제조건이다. 왜냐하면 덕과 본성에 알맞은 행위가 방해받지 않기 위해서는 격정이 침묵을 지켜야 하기 때문이다. 이들에 따르면 우리는 정욕, 분노, 공포 등에 휘둘려서는 안 되며, 동정이나 후회에 의해 움직여서도 안 된다. 스토아학파는 이에 대해 "세계가 무너져 떨어질지라도, 의연히 버티고 서 있는 자라면 그 파편만을 맞게 되리라"라고 표현한다.

●

행복을
찾아가는 여정

이를 완전하게 실천하는 사람을 스토아학파는 '현자'라고 부른다. 그는 모든 덕을 갖추고 있는 자이자 항상 올바르게 행하는 자이며, 흔들리지 않고 진정으로 행복한 자이다. 스토아학파는 이런 인물만이 자유롭고 아름다울 수 있다고 주장했다. 제논 역시 스스로 현자가 되기 위해, 그리고 현자로서의 삶을 유지하기 위해 끊임없이 노력했다. 우리가 첫 장에서 본 다음의 말은 그가 이러한 삶을 '실천'하며 얻은 그 나름의 결론이다.

"사소한 행위에서도 행복감을 느낄 수 있지만, 진정한 행복은 쉽게 얻어지지 않는다."

그럼 처음의 질문으로 다시 돌아가보자. 도대체 행복이란 무엇일까? 스토아식으로 표현하자면 이렇게 질문할 수도 있겠다. "현자처럼 살기 위해서 우리는 어떻게 살아야 하는가?"라고 말이다. 아마도 사람들의 답은 세상이 복잡해진 만큼 다양하지 않을까. 물론 행복의 형태와 방식이 다양하다고 해서 그것이 잘못된 것은 결코 아니다. 그 선택을 통해 스스로 행복하다고 느낀다면, 그리고 그 행복을 유지할 수 있다고 확신한다면, 그 행복이 남을 불행하게 하는 것이 아니라면, 그거야말로 한 사람에게만큼은 참된 행복이 될 수 있을 테니 말이다. 당신이 정의하는, 당신의 '행복'이란 무엇인가?

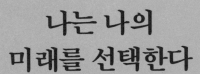

나는 나의
미래를 선택한다

"우리는 스스로 그렇게 되기로 결정했던

바로 그 사람이다."

—

사르트르

당신이 어떤 삶을 살 것인지는 오롯이 당신의 선택에 달려 있다. 선택의 문제는 비단 짜장면을 먹을지 짬뽕을 먹을지를 결정하는 데에서 그치지 않는다. 오늘 아침에 우산을 들고 나갈 것인지 아니면 놓고 나갈 것인지, 하루 만에 업무를 끝내고 바로 다 했다고 할 것인지 아니면 눈치 보다 금요일 오후쯤 되어 다 했다고 할 것인지, 이번 주 토요일 오후 8시 전까지 로또 복권을 살 것인지 말 것인지 등이 모두 당신에게 달려 있다는 이야기이다.

어떤 선택은 당신의 인생을 크게 뒤바꿔놓을 수도 있다. 굳이 "안중근 의사가 그날 이토 히로부미를 저격하지 않았더라면" 같은 거창한 상상을 곁들일 필요도 없다. 아침에 우산을 놓고 나간 바람에 비에 쫄딱 맞아 지독한 감기로 고생할 수도 있고, 그렇게 많아 보이는 업무를 하루 만에 끝냈다는 사실에 감복한 상사가 당신의 고과 평가에 최고 점수를 줄 수도 있으며, 살까 말까 망설였던 복권이 덜컥 1등에 당첨되어 평생 떵떵거리며 살게 될지도 모르기 때문이다.

문제는 이런 선택의 순간이 쉴 틈 없이 우리를 향해 밀려든다는 데 있다. 이제 정신 좀 차렸다 싶으면 내 선택을 기다리는 문제가 똘망똘망 눈 크게 뜨고 나를 기다리는 거다. 간신히 선택하고 문제를 해결했다고? 걱정마시라. 다음 문제가 또 당신의 선택을 기다리고 있을 테니!

100퍼센트 만족할 만한 선택이 존재하지 않는다는 것도 문제다. 아니, 그런 게 있다면 선택이라는 단어를 붙일 필요도 없었겠지. 우리는 이제 안다. 무언가를 선택하면 선택의 영광을 누릴 가능성보다 선택하지 않은 무언가를 후회할 가능성이 더 크다는 사실을 말이다. 그리고 문득 궁금하다. 이런 선택, 아니 삶 속에서 대체 우리는 어떻게 살아가야 하는 것인지 말이다.

●

머리 위의 어느 누구도
인정하지 않은 사람

사르트르는 1905년 프랑스 파리에서 태어났다. 아버지는 프랑스 해군의 기술장교였으며, 사르트르가 두 살이 되던 1906년 인도차이나 전쟁의 후유증으로 사망했다. 아버지 없이 어린 시절을 보낸 삶이 불우하게 느껴질 수도 있지만, 사르트르는 이 일이 오히려 자신에게는 축복이었다고 이야기했다. 자유로운 생활과 사고를 억압받지 않았다는 것이 그 이유. 그는 훗날 이를 다음과 같이 회상했다. "만약 내 아버지가 오래 살아계셨다면, 그는 내 머리 위에 군림하며 나를 억압했을 것이다."

　이런 연유로 그는 어린 시절을 외가에서 보냈다. 특히 외할아버지가 사르트르를 매우 아꼈다고 한다. 참고로 그의 외할아버지는 소르본 대학 독문학과 교수였으며, 노벨상 수상자인 슈바이처 박사의 큰아버지이기도 했다. 대단한 독서광이던 외할아버지 덕분에 사르트르는 원하는 책을 마음껏 읽으며 자랄 수 있었다. 하지만 이 상황이 마냥 즐겁지는 않았던 모양이다. 얹혀사는 처지이다 보니 자신이 누리는 행복을 언제든 빼앗길 수 있다고 생각했다. 훗날 그는 착하고 귀엽게만 보인 자신의 행동이 사실은 사랑받기 위한 일종의 연기에 불과했다고 고백했다.

　시간이 흘러 그는 파리 고등사범학교에 진학했다. 당시 그곳은 메를로퐁티, 레비스트로스 등 당대 최고의 수재들이 모인 곳이었다. 참고로 파리 고등사범학교는 14명의 노벨상 수상자를 비롯해 10명의 필즈상 수상자, 유수의 철학자, 저술가 등을 배출한 명문대학이다. 이곳에서 그는 여느 학생과 다르지 않게 생활했다. 아니, 사춘기가 늦게 왔는지 오히려 건방진 쪽에 조금 더 가까웠다. 동료 학생과 교수를 우습게 여겼으며, 강의를 잘 듣지 않았고, 술을 진탕 마시는 일도 허다했다. 22세가 되던 해에는 자신감 있게 소설을 출판사에 투고했지만 출판을 거절당했다. 물론 가진 재능이 어디로 가지는 않는 법이다. 대학을 수석으로 졸업했고, 이듬해에는 교사 자격시험에도 합격한다.

　평생의 동반자였던 시몬 드 보부아르를 만난 것도 이 시기였다. 참고로 보부아르 역시 20세기 페미니즘 사상의 선구자로 불릴 만큼 이름난 철학자이다. 만남 초기부터 서로에게 끌린 두 사람은 루브르 박물관 앞 벤치에서 결혼 계약을 맺었다. 당초 계약 기간은 2년. 하지만 이때 맺은 연인 관계는 평생 이어졌다. 두 사람은 계약 이후에도 독특한 생활 방식을 유지했는데, 같은 호텔에 투숙하되 각자의 방에서 지냈다. 자유를 위해 아이도 낳지 않았다. 평생 함께, 그러나 서로의 생활을 존중하는 삶을 살았다.

●

전쟁을 딛고
현실에 서다

그리고 1939년 9월, 제2차 세계대전이 일어났다. 사르트르도 군대에 소집되었지만 활약은 미미했다. 전투 한 번 제대로 못 해보고 포로가 된 것이다. 하지만 이때의 경험은 그를 다른 삶으로 이끈다. 1년여의 시간 동안 수용소 생활을 하며, 자유를 억누르는 존재가 있는 한 인간은 결코 자유로울 수 없다는 사실을 깨닫게 되었던 것이다. 적극적인 사회참여를 결심하게 된 사르트르는 포로 생활을 마친 뒤 독일군을 겨냥한 레지스탕스 활동에 참여하기도 했다.

그러는 가운데 그의 대표작 중 하나인 《구토》가 출간되었다. 또한 1943년에는 《존재와 무》가 세상에 나온다. 두 작품 모두 높은 인기를 얻었지만 특히 《존재와 무》는 철학 서적 사상 유례없는 인기를 누린다. 단숨에 46쇄를 팔아치우며 유명인사가 된 그는 교사직을 그만두고 전업 문필가로 활동할 수 있게 되었다. 동료들과 함께 〈현대〉라는 이름의 진보적 잡지를 발간하고, 민주혁명연합이라는 단체를 꾸리는 등 사회 이슈에 적극적으로 참여한 것도 이 시기부터였다.

사르트르는 유명세를 얻은 뒤에도 수용소에서 한 다짐을 잊지 않았다. 끊임없이 투쟁하는 삶을 살았던 거다. 1954년 프랑스 보호령이던 알제리가 독립전쟁을 일으키자 알제리를 지지한다며 투쟁에 가담했고, 드골 정권의 독재에 저항한 68혁명에도 적극적으로 참여했다. 베트남 전쟁에 반대했으며, 독재 정권에 저항하던 김지하 시인의 사형 선고 소식을 듣고 그를 석방시키기 위한 운동에도 참여했다. 말 그대로 인간의 자유를 위해서라면 자신의 한 몸 아끼지 않은 현실 참여적 철학자였던 거다.

하지만 삶이 영원할 수는 없는 법이다. 그는 건강 문제로 활동을 중단할 수밖에 없었다. 세 살 때 시력을 잃은 오른쪽 눈과 더불어 왼쪽 눈의 시력까지 떨어지는 바람에 더 이상 집필 활동을 할 수 없게 됐다. 그는 결국 1980년 4월 눈을 감았다. 장례식에는 사르트르의 삶과 업적을 기리기 위해 수만 명이 몰렸다.

실존은
본질에 앞선다

흔히 사르트르가 한 것으로 알려져 있지만 실은 그렇지 않은 "인생은 B(birth)와 D(death) 사이의 C(choice)"라는 문장은 아이러니하게도 그의 철학을 가장 잘 설명하는 말 같다. 그는 요즘엔 소설 《구토》의 작가이자 노벨문학상을 거절한 인물로 더 잘 알려져 있지만, 그에 앞서 프랑스의 실존주의가 독자적인 노선을 구축할 수 있도록 한 인물이기도 했다.

그의 철학을 본격적으로 살펴보기 전, 소설 《구토》의 줄거리부터 알아보자. 소설의 주인공인 앙투안 로캉탱은 몇 년 전부터 부빌에 거주하고 있는 인물이다. 그는 이곳에서 별다른 일도 하지 않은 채 살아가고 있다. 프랑스 혁명 전후 혼란기의 어느 귀족을 연구하고 있지만 정체 상태인 지 오래고, 인간관계 또한 매우 협소한 편이다. 그러던 어느 날 그는 해변가에서 조약돌을 주우려 하다가 구토감을 느낀다. 이후에도 비슷한 느낌이 계속된다. 웅덩이에 놓인 종잇조각을 주우려고 한 순간 구토감을 느끼고, 마로니에 나무의 뿌리를 본 순간 구토감을 느낀다. 증세를 멈추는 방법은 오직 한 가지 뿐이다. 바로 낡은 재즈 레코드의 음악을 듣는 것 말이다.

"다음에 오는 짧은 침묵 동안 나는 됐음을, '무슨 일인가'가 일어났음을 절실히 느꼈다.

정적(靜寂)
머지않아서
그대는
내가 없어 외로우리!

일이 일어났다는 건 '구토'가 사라졌다는 사실이다. 침묵 속에서 소리가 튀어나왔을 때, 몸이 굳고 '구토'가 사라진 것을 느꼈다."

소설가이기 이전에 철학자였던 그가 아무런 의미도 없이 이런 이야기를 쓰지는 않았을 거다. 그의 철학에 대한 이해는 "실존이 본질에 앞선다"라는 하나의 문장에서 시작한다. 우선 문장에 담긴 단어의 뜻부터 살펴보자. 여기서 실존이라는 단어는 '그저 있음'을 뜻하며, 본질은 '존재의 이유와 목적'을 의미한다.

예를 통해서 살펴보자. 지금 이 책은 존재상으로는 벽돌 하나 크기보다 조금 크거나 작은 종이뭉치에 불과하다. 하지만 이 종이뭉치는 본질적으로 어떤 생각이나 사실을 글이나 그림 따위로 나타낸 종이를 겹쳐서 한데 붙인 물건이다. 그렇다면 책의 존재와 본질 중 무엇이 더 먼저일까? 당연히 본질이 먼저다. 어떤 생각이나 사실을 글이나 그림 따위로 나타내기 위해 종이를 겹치고 붙여서 책을 만드는 것이지, 구태여 책의 형상을 만들기 위해 생각이나 사실을 글과 그림으로 적고 종이뭉치를 재단하는 것이 아니라는 얘기다. 다시 말해, 사물의 본질은 실존에 앞선다.

하지만 인간은 다르다. 어느 누구도 자신의 구체적인 삶의 방향이 정해진 상태로 태어나지 않기 때문이다. 즉, 인간은 본질이 규정되지 않은 채 세상에 던져진다. 그렇기 때문에 인간은 본질로부터 자유로울 수 있으며, 그 자유로움을 바탕으로 자신의 미래를 선택하고 스스로 삶의 의미를 만들어갈 수 있다. 인간의 존재, 즉 실존은 본질에 앞선다고 볼 수 있는 거다.

즉 로캉탱이 구토감을 느끼는 이유는 그가 실존의 부재 상태에 처해 있기 때문이다. 앞서 이야기한 것처럼 그는 사회적으로 보면 아무런 역할도 하지 않고 살아가는 상태나 다름없다. 자신의 존재 이유를 찾으려고 노력하지도 않고 말이다. 아무 목적 없이 세상에 던져져 있다는 느낌은 그에게 허무감을 불러일으키고, 그 허무감은 다시 구토감이 되어 그를 엄습한다.

●

선택하라,
후회하지 않도록

그렇다면 로캉탱, 아니 우리는 어떻게 살아야 하는가? 사르트르는 이렇게 말하는 듯하다. "기꺼이 선택하고, 상처받고, 아파하라. 그리고 또다시 선택하라. 그것이 인간인 당신에게 부여된 특권이자, 당신이 당신의 삶을 후회하지 않을 유일한 방법이다"라고 말이다. 돌이켜보면 우리 삶에는 선택하지 않아 후회했던 것들투성이다. 시험이 다가올 때마다 미리 공부하지 않은 것을 후회했으며, 이별의 순간 사랑하는 사람과 더 많은 시간을 보내지 못한 것을 후회했다. 경력을 쌓을 수 있는 좋은 기회를 잡지 않은 것을 아쉬워했고, 조금 더 선한 삶을 살지 못한 것을 부끄러워했다.

《구토》의 결말부에서 로캉탱은 소설을 쓰기로 결심한다. 소설을 쓴다는 행위를 통해 자신의 존재 의미를 찾고, 삶의 무의미를 극복하고자 한 것이다. 우리는 모두 알고 있다. 로캉탱의 '선택'은 실패할 가능성이 더 크다는 사실을 말이다. "그건 네가 할 일이 아니야" "너는 재능도 없잖아"라는 주변의 반응에 지쳐버릴지도 모르고, 기껏 완성한 글을 아무도 봐주지 않아 상처받을 수도 있다. 그럼에도 소설을 완성한 그는 후회하진 않을 것 같다. 자신이 해야 할 일을 찾고, 그 결과를 만들기 위해 오랜 시간 노력하고 매진했을 것이기 때문이다.

만약 지금 당신도 망설이고 있다면, 조금만 용기 내어 '선택'했으면 좋겠다. 그 과정, 아니 결과까지 아프더라도 최소한 그 선택을 하지 않았다는 사실에 후회하지는 않을 수 있을 테니 말이다.

우리는 무엇이든
될 수 있다

“이 세상에 열정 없이 이루어진
위대한 일은 없다.”

—

헤겔

꼰대처럼 보일지도 모르지만, 나는 욜로(YOLO)니 '워라밸'이니 '소확행'이니 하는 현재진행형의 행복을 좋아하지 않는 편이다. 이유는 단순하다. 얻는 것보다 잃는 것이 많다고 생각하기 때문이다. 생각해보라. 잠시 잠깐의 즐거움을 누려보겠다는 이유로 그동안 우리가 얼마나 많은 것을 잃어왔는지. 실체도 불분명한 삶의 '밸런스'를 유지하겠다는 이유로 조금 더 성장할 수 있는 기회를 잃었으며, 지금 누릴 수 있는 작은 행복을 놓치지 않겠다는 평계를 대며 진정으로 추구해온 삶과 목표에 다가서기를 게을리했다. 이건 그저 돈을 덜 벌거나 덜 모으는 수준의 이야기가 아니다. 인생의 목표를 어떻게 잡고, 그 목표를 향해 나아가느냐의 문제이기 때문이다.

내가 이런 말을 할 때마다 주변 사람들은 종종 "그건 네가 그런 삶을 안 살아봐서 그런다"라느니 "쌍팔년도 산업화 분야에나 통할 전근대적인 사고방식"이라느니 하며 혀를 끌끌 차지만, 그건 모르는 소리다. 10년 전이든 100년 전이든, 경제든 예술이든 다 똑같았다. 그러니까 내 말은 시기와 분야를 막론하고 끊임없이 노력한 사람만이 높은 성취를 이뤘다는 얘기다. 남들 일하는 만큼 일했지만 아이폰과 맥북을 뚝딱 만들어낸 스티브 잡스, 선배 예술가들이 하라는 대로 해서 성공한 앤디 워홀, 유복한 가정에서 태어나 단 한 번의 위기도 없이 해리 포터 시리즈를 완성한 조앤 롤링. 이런 게 말도 안 되는 얘기라는 걸 우리는 이미 아주 잘 알지 않는가.

●

절대정신에게
배신당하다

여기 나보다 훨씬 위대한 꼰대, 아니 철학자가 있다. 바로 "프로이센의 국가 철학자"라 불린 게오르크 빌헬름 프리드리히 헤겔이다. 헤겔은 1770년 독일 슈투트가르트에서 태어났다. 위대한 철학자 중에는 아주 어린 시절부터 남다른 두각을 드러낸 경우가 많지만 헤겔은 그런 경우는 아니었던 모양이다. 그래도 공부는 꽤 잘해서 튀빙겐 대학 신학과에 장학생으로 입학하게 되었다고. 하지만 여기서도 철학 외 대부분 과목의 성적이 하위권을 맴돌았다. 대신 이곳에서 헤겔은 그의 인생을 바꾼 두 사람을 만난다. 바로 동갑내기 시인인 횔덜린과 이미 천재 철학자로 불리고 있던 셸링이었다. 헤겔은 이들과 다양한 활동을 하며 차츰 내실을 쌓아갔다.

그러던 중 이웃 나라 프랑스에서 혁명이 일어났다. 헤겔 역시 다른 유럽의 청년들과 마찬가지로 프랑스 혁명에 열광했다. 혁명 세력이 내세운 자유, 평등, 박애의 이념에 매료되었던 거다. 그는 프랑스 혁명을 "장엄한 여명"이라 부르며 친구들과 함께 축배를 들고, 근처 숲에 이를 기념하는 나무를 심기도 했다.

고민 끝에 그는 목사 되기를 포기하고, 철학자가 되기로 결심했다. 친구 휠덜린의 소개를 받아 가정교사 생활을 시작한 거다. 참고로 당시에는 교수가 되기 전 유력 가문의 가정교사 생활을 하며 경력을 쌓는 경우가 많았다. 칸트, 피히테 등 당대 유명 철학자들도 모두 이런 과정을 거쳤을 정도다. 그리고 얼마 뒤, 헤겔은 또 다른 친구 셸링의 추천으로 예나 대학의 원외교수가 된다. 원외교수란 봉급이 나오지 않는 교수를 일컫는다. 철학을 하는 일이 배고프고 고달픈 건 예나 지금이나 똑같은 모양이다. 하지만 그는 언젠가 인정받는 철학자가 되겠다는 일념으로 제의를 받아들인다.

헤겔은 예나 대학에서 13년을 보냈다. 그의 대표작 중 하나인 《정신 현상학》도 이 시기에 쓰였다. 그는 이 시기 예나에 진입한 프랑스 혁명군과 마주하기도 했다. 자유와 평등을 명분으로 내세운 나폴레옹을 보며 그는 감격했다. "세계를 지배하는 개인을 마주한다는 건 실로 엄청난 감동을 주는 일"이라고 그 순간을 회상했을 정도로 말이다. 당시 헤겔은 역사의 발전이 절대정신의 선택을 받은 영웅의 손을 통해 이루어진다고 생각했다. 그리고 아마도 그 기대를 나폴레옹에게 투영했던 듯하다. 하지만 절대

정신은 헤겔을 그리 호의적으로 대하지 않았다. 군대가 집을 약
탈하고 대학을 폐쇄했던 거다. 그는 생계를 위해 곳곳을 떠돌아
야 했다.

●

일단 유명해져라,
그러면

그러는 가운데 헤겔은 평생의 짝을 만났다. 스물한 살 연하의 아
내 마리였다. 안정감을 찾게 된 헤겔은 자신의 대표작인《논리
학》,《엔치클로페디》를 연달아 출간하고, 하이델베르크 대학의
정교수로도 부임하게 된다. 특히《엔치클로페디》는 백과사전이
란 뜻처럼 그의 철학을 총망라한 책이었다. 이 책으로 그는 일약
철학계 스타로 떠오르고, 결국 사상적 중심지인 베를린 대학으
로 자리를 옮기게 된다.

　기록에 따르면 헤겔의 강의 실력만큼은 그리 뛰어나지 않았
던 모양이다. 아니, 어쩌면 수준 이하였던 모양이다. 당시 그의
강의를 들은 어느 학생은 헤겔의 강의 현장을 다음과 같이 묘사
하기도 했다. "머리를 숙인 채 몸을 움츠리고 앉아서 커다란 노
트를 앞뒤로 넘기거나 위아래로 훑으며 계속 말을 하고 무언가
를 찾았다. 강의는 끊임없는 헛기침으로 계속 끊겼고, 문장은 따
로따로 떨어지고 뒤죽박죽 섞였다." 하지만 "일단 유명해져라"

라는 누군가의 말이 그에게도 적용된 모양이다. "그럼에도 전체적인 분위기는 깊은 존경심을 불러일으켰고, 그에게 경외감을 품도록 만들었다"라는 회고가 덧붙여졌으니 말이다.

유명 철학자의 강의를 들으려는 발길은 끊임없이 이어졌다. 학생들뿐만 아니라 수많은 군인, 정치인 등이 그의 명성을 듣고 베를린 대학을 찾아온 거다. 그들은 강의를 들은 뒤, 때때로 헤겔의 생각이 투영된 정책을 내놓기도 했다. 그는 '프로이센의 국가철학자'로 공인되었으며, 제자들 또한 여러 대학의 교수가 됨으로써 헤겔학파를 형성하게 된다.

●

우리는 발전한다.
정, 반, 합의 과정을 거쳐

인간은 꽤 역사적인 존재다. 우리는 늘 이전의 세대로부터 무언가를 물려받고, 또다시 무언가를 다음 세대에 전달하며 살아간다. 가령 3대째 이어져오는 신당동 떡볶이집에서는 1대 할머니의 요리법을 물려받은 2대 며느리가 손님들의 입맛에 맞춰 레시피를 변경하고, 마찬가지로 3대 손주는 2대 며느리, 그러니까 어머니의 레시피를 물려받아 시대에 맞게 재료와 구성을 발전시킨다. 전수되고 발전하는 것이 어디 음식뿐일까. 과학 분야에서는 누군가가 제기한 가설을 확인하고 부정하는 과정을 거쳐 새로운 이론을 만들어낸다. 또한 기업에서는 기존의 제품에 새로운 기술과 사용자의 피드백을 반영해 신제품을 출시하기도 한다.

'변증법'이라 불리는 헤겔의 철학은 이와 같은 인간 사유의 진보 과정을 설명하는 이론이다. 그가 생각하기에 세상은 변증법적 과정을 거치며 더 나은 방향으로 나아간다. 가령 누군가가 하나의 관념, 즉 '정명제'를 제시한다고 생각해보자. 얼마 뒤 이와 모순되는 새로운 관념이 등장한다. '반명제'가 나타나는 것이다. 두 관념은 충돌하고, 다시 둘 모두를 고려한 명제가 생겨난다. 헤겔은 이를 '합명제'라고 설명한다. 물론 여기서 끝이 아니다. 합명제는 다시 정명제가 되고, 그에 대한 반명제가 나타난다. 그리고 또다시 합명제가 도출된다. 이 과정은 완전한 결론에 다다를 때까지 끊임없이 계속된다.

예술 분야가 대표적인 예이다. 헤겔은 예술이 이런 역사적 과정을 거쳐 발전해왔다고 주장했다. 그는 예술사를 상징적, 고전적, 낭만적 단계로 구분했다. 우선 정명제라 할 수 있는 상징적 단계는 고대 이집트나 메소포타미아 등에서 종교적 숭배를 위해 제작된 예술 작품을 말한다. 피라미드나 스핑크스 같은 건축물들이 대표적인 예이다. 거대한 구조물이 건립되었지만, 신에 대한 구체적인 통찰이나 깨달음은 부재한다는 것이 특징이라면 특징이다. 이어지는 고전적 단계는 반명제에 해당한다. 고대 그리스 지역의 조각 작품이 대표적인 예이다. 그리스의 조각 작품은 더 이상 재연될 수 없는 미의 극치를 이룬다. 또한 이 단계의 예술은 그 자체가 종교라고 볼 수도 있다. 신성을 직접 구현해내고 있기 때문이다. 마지막 낭만적 단계는 합명제로, 중세 기독교 회화를 예로 들 수 있다. 이 단계의 예술은 그저 감각적인 형식만으로 모든 것을 담을 수 없을 만큼 고차원적인 내용이 예술 전체를 지배한다. 헤겔은 이 단계를 더 높은 단계가 존재하지 않는 일종의 '최종 단계'로 생각했다.

예술뿐이 아니다. 헤겔은 이러한 변증법적 과정이 인간 의식의 영역에서도 이루어진다고 보았다. 가령 고대 그리스의 사람들과 우리를 비교해보자. 생각의 대상은 물론 사고방식 자체가 다를 것이다. 스마트폰 하나 없는 구시대 인간들과 초초초연결 사회에서 사는 우리가 어찌 같은 생각을 하며 살아갈 수 있겠나. 덧붙여 이런 변화는 특정한 역사적 사건을 통해 표면화되기도 한다. 대표적인 예가 프랑스 혁명이다. 특히 이런 시기에는 혁신적 변화가 어느 개인을 통해 나타나기도 한다. 물론 당시 그가 주목했던 인물은 그가 '절대정신'이라 불렀던 보나파르트 나폴레옹이었다. 여기서 '절대정신'은 일종의 종점 단계를 일컫는 말이다. 마치 예술의 낭만적 단계처럼 말이다. 절대정신의 단계에서 지식은 완전해지며, 현실 전체를 아우르게 된다.

헤겔에 따르면 '자기 자신의 자유'를 이해해가는 과정은 역사를 이끄는 주요한 추진력 중 하나이다. 그는 대부분 자신이 자유로운 존재라는 사실을 모르는 채 살았던 고대부터 그 자신의 시대에 이르기까지 인간이 자유를 이해해가는 과정을 단계적으로 추적했다. 우선 고대에는 오직 강력한 군주만이 자유를 경험했다. 일반 백성들은 자유를 전혀 인식하지 못한 채 평생을 살아갔다. 이후에도 사정은 크게 달라지지 않았다. 전보다는 자유에 대한 인식이 높아졌지만 여전히 노예를 두었고, 부유층이나 권력층만이 자유로우면 된다고 생각했기 때문이다. 그리고 드디어 헤겔이 갈망하는 시대가 도래했다. 모든 이들이 자유를 인식하고 원하는 시대가 온 것이다. 그는 말한다.

"절대원리의 등장과 함께 우리는 역사의 최종단계인 우리 세계, 우리 시대에 오게 된다."

●

우리는 무엇이든
될 수 있다

되짚어보면 인간의 삶 또한 이런 변증의 법칙을 따르는 경우가 다반사이다. 마치 정반합의 과정을 거쳐 인류 역사가 발전해온 것처럼 개개인 또한 변증법적 과정을 거쳐 성장하는 경우가 많다는 이야기이다.

물론 그 과정은 개개인마다 조금씩 다를 수밖에 없을 거다. 하지만 우리는 지난 역사를 되짚어 어떤 성취를 이룬 사람들의 비결이 크게 다르지 않다는 점 또한 확인할 수 있다. 바로 "좋아하는 일을 찾고, 끊임없이 그 일에 도전하고 성장한다"라는 비결 말이다. 물론 이 비결을 따른다고 누구나 다 성공하는 것은 아니다. 모든 일에는 항상 '운'이라는 이름의 돌발변수가 있기 마련이니 말이다. 하지만 아무것도 하지 않을 경우 최소한 인류 역사에 남을 만한 어떤 것도 만들기 쉽지 않다는 사실만큼은 우린 이미 알고 있다.

변증법을 따르는 과정의 끝이 헤겔 철학의 그것과는 다르다는 점도 짚고 넘어가야 할 것 같다. 헤겔은 인류의 역사가 마치 기다란 종잇조각과 같다고 생각했다. 돌돌 말려 있는 기다란 종이를 펼치면 그 속에 이미 그려진 거대한 그림작품을 마주하게 되는 것처럼, 역사 또한 일종의 최종 단계를 향해 움직이고 있다고 생각한 거다. 하지만 우리의 삶은 분명 다르다. 다시 말해, 우리의 선택과 행동에는 정해진 결말 따위가 존재하지 않는다는 것이다.

물론 삶은 늘 예상치 못한 변수투성이고, 저 짧고 평범한 성공의 방정식 또한 실제로는 실천해내기가 여간 어렵지 않다는 사실을 우리는 알고 있다. 하지만 어쩌면 그렇기에, 우리는 그 목표를 달성하고자 끊임없이 노력하고 열정을 다하는 것인지도 모르겠다. 우리는 노력 여하에 따라 원하는 무엇이든 될 수 있는 존재이기 때문이다.

지혜

앎의 즐거움을
온전히 느껴보라

**"진정한 지혜는
자신의 무지를 자각하는 데 있다."**
—

소크라테스

앎의 과잉 시대다. 유튜브에, SNS에, 심지어는 각종 메신저까지 지식과 정보가 넘쳐난다. 사람들이 한 가지 지식을 얻기 위해 소비하는 시간은 날이 갈수록 짧아지고 있다. 1시간 넘는 콘텐츠가 허다했던 텔레비전의 시대는 이미 가버린 지 오래고, 15분짜리 웹드라마와 5분 요약 시리즈를 거쳐, 이제는 1분 안에 모든 내용을 설명하고 자신을 증명해야 하는 숏폼의 시대에 사는 우리다.

더 빨리 더 많이 알아야 한다는 강박은 영상의 길이와는 정반대로 빠르게 늘어나고 있다. 대학에 입학하면 다 끝난다는 말도 옛말이 된 지 오래다. 어느 조사 결과에 따르면 한국의 성인 가운데 절반은 자신의 이직과 연봉 인상, 자기계발, 취미, 삶의 만족을 위해 '교육'을 받고 있다. 배우고, 배우고, 또 배워라. 배움이 너를 자유케 하리니!

그러나 실상은 결코 배움에서 그치지 않는다. 우리는 배운 것을 토대로 자신을 '증명'해야 한다. 직장에서는 새로 쌓은 전문지식을 미처 소화시킬 틈도 없이 실시간으로 꺼내놓아야 하고, 집으로 돌아온 뒤에는 '또 다른 나(부캐)'가 되어 자신의 지식과 취미와 재능을 팔아야 한다. 인구 대비 유튜버 수가 가장 많은 나라가 이곳, 대한민국이라지, 아마. 배우고, 벌고, 또 배우는 것. 그건 우리의 숙명이자, 벗어날 수 없는 굴레이다.

문제는 이런 유의 앎, 즉 '지식'이 늘어나도 내 삶이 쉽게 풍부해지거나, 만족스러워지지 않는다는 데 있다. 이유는 다양할 거다. 시대가 빠르게 변하는 만큼 우리가 애써 얻은 지식이 쉽게 낡은 것이 되어버리기 때문일 수도 있고, 절대적인 지식의 양이 감당할 수 없을 만큼 늘어나 우리를 '강박'이라는 이름으로 강하게 누르기 때문일 수도 있다. 그렇다면 우리는 무엇을 배워야 하는가? 아니, 도대체 얼마나 배워야 하는 건가?

●

재판정에 선
소크라테스

기원전 399년, 그 답을 말한 철학자가 세상을 떠났다. 바로 소크라테스 말이다. 그의 죽음은 우리에게 늙은 철학자가 독배를 들이켜는 한 장의 그림으로 각인되어 있는데, 사실 그 독배를 들이켜기까지 꽤 심오한 역사적 배경과 수많은 이해관계의 충돌, 감정의 변곡들이 존재한다. 알아볼 마음의 준비가 되었다면? 바로 이야기를 더 나눠보자.

그가 세상을 떠난 시기는 고대 그리스가 서서히 쇠퇴하던 시점이었다. 그리스는 당시에 가장 거대한 세력이라 할 수 있는 페르시아 제국의 침략을 막아냈는데, 전쟁 승리의 주역이 된 두 폴리스를 중심으로 고대 그리스 전체가 나뉘게 된다. 바로 아테네를 중심으로 델로스 동맹이, 스파르타를 중심으로 펠로폰네소스 동맹이 형성된 거다. 그리고 결국 둘 사이에 치열한 전쟁이 일어난다. 무려 30년간 진행된 이 전쟁의 승자는 펠로폰네소스 동맹. 그러나 오랜 전쟁으로 양쪽 모두 에너지를 크게 소모한 탓에 그리스 도시국가 전체가 몰락의 길을 걷게 된다.

몰락이야 실은 역사적 관점에서 본 결과이자 후대인들이 고통받아야 할 일일 뿐, 당장 전쟁에서 승리한 국가는 그 단물을 빨아야 할 터다. 스파르타는 당장 소크라테스가 살고 있던 아테네에 과두정을 실시했다. 과두정이란 소수의 사람 혹은 집단이 사회의 정치적, 경제적 권력을 독점하는 체제를 말한다. 물론 그 집단은 친스파르타 인사가 주축이 되었고 말이다.

소크라테스는 종종 위원회 인사들의 미움을 사기도 했지만, 꿋꿋이 자신의 철학을 이어나갔다. (이 사람이 도대체 왜 미움을 샀는지는 조금 뒤에 이야기하자.) 그 나름대로 믿는 구석이 있었기 때문이다. 과두정의 주요 인사 중 소크라테스의 제자이자 플라톤의 숙부인 크리티아스가 있었던 거다. 하지만 얼마 뒤 아테네가 민주제로 회귀하고, 소크라테스는 자신의 정치적 기반을 상실하게 된다. 소크라테스의 정적 혹은 그를 미워하던 사람들은 때를 놓치지 않고 바로 그를 고소했다.

철학자,
제 발로 죽다

이들이 소크라테스를 고소하며 내세운 죄목은 두 가지였다. 바로 "청년을 부패하게 했다"라는 것과 "나라에서 인정하는 신을 섬기지 않고 다른 신을 믿었다"라는 것. 모르긴 몰라도 적당히 사과만 하면 넘어갈 수 있는 죄목처럼 보이지 않나? 맞다. 사실 그를 고소한 사람들도 소크라테스가 그냥 사과하고 적당히 자숙하며 살길 바랐다. 하지만 남들 원하는 대로 살면 인류 지성사에 길이길이 남을 철학자가 되지 못했겠지. 소크라테스는 평소 자신의 성격을 그대로 발휘한 탓에 본인의 무덤을 스스로 판다.

그는 500명의 배심원 앞에 직접 나섰다. 그리고 자신이야말로 청년을 참되게 교육하는 "아테네의 양심"이며, 폴리스의 신들을 믿지 않았다는 비난 따위는 논의할 가치조차 없다고 일축한다. 그 재판 과정은 제자인 플라톤이 쓴《소크라테스의 변론》에 상세하게 나와 있는데 어찌나 말도 잘하고 사람을 살살 약 올리는지 2,400년도 더 지난 지금 그 책을 읽어도 묘하게 기분이 상할 정도다. 그래서 결과가 어땠냐고? 물론 배심원들의 심기를 건드린 탓에 유죄와 사형 결정이 내려진다. 이후 그는 도망치라는 아내와 친구, 제자들의 청을 뿌리치고 독약을 마신다.

여기서 잠시 'TMI'도 좀 살펴보자. (어디서 철학책 좀 읽었다고 뽐내기엔 이런 얘기가 제격이지 않나.) 우리는 흔히 소크라테스가 자신의 죽음을 받아들인 이유를 '민주정치에 대한 존중'에서만 찾는 경향이 강하다. 자신이 그동안 민주정치 체제에서 덕을 보며 살아왔는데, 불리해졌다고 이를 어기는 게 비겁한 일이라고 생각했다는 거다. 소크라테스가 죽기 직전 "악법도 법이다"라고 말했다는 소설 같은 이야기 역시 이런 시각을 옹호하는 측면에서 만들어진 경향이 강하다. 물론 이게 틀린 말은 아니다.

하지만 소크라테스가 죽음을 쉽게 받아들일 수 있었던 데는 죽음에 대한 독특한 시각도 한몫했다. 그는 죽음 이후에 두 가지 가능성이 있다고 생각했다. '없음'으로 돌아가거나 '다른 세상으로 떠나게 된다'라고 생각했던 거다. 소크라테스는 없음으로 돌아가면 꿈도 꾸지 않을 만큼 깊은 잠을 자는 것이라 즐겁고, 다른 세상으로 떠나면 생전에 만났던 훌륭한 사람들을 다시 만나볼 수 있어 좋은 일이라고 보았다.

그의 유언 역시 이러한 입장을 뒷받침한다. 소크라테스는 죽기 직전, 주변에 모인 그의 지인들에게 의약의 신 아스클레피오스에게 닭 한 마리를 갚아달라고 부탁했다. 당시에는 누군가가 병이 나으면 감사의 뜻으로 닭 한 마리를 신에게 바치는 풍습이 있었다. 죽기 직전 사람이 갑자기 앓던 병에서 나았을 리는 만무할 거다. 후대 사람들은 이 유언이 소크라테스가 죽음을 통해 인생의 모든 병에서 벗어나게 되었음을 암시한 거라고 해석한다.

몰라야
행복하다

그럼 다시 우리의 원래 물음으로 돌아가보자. 도대체 소크라테스의 죽음과 지식 혹은 삶에 대한 물음이 무슨 관계가 있단 말인가? 이는 소크라테스의 교육 방식 그리고 재판장에서 소크라테스가 언급한 말에서 그 단서를 얻을 수 있다.

소크라테스는 서양철학의 기틀을 마련한 세 인물 중 한 명으로 손꼽히는 인물이다. 나머지 두 명은 플라톤과 아리스토텔레스. 플라톤은 소크라테스의, 아리스토텔레스는 플라톤의 제자이다. 스승과 제자 사이로 엮인 세 사람이 철학이라는 학문의 바퀴를 굴리기 시작한 거다. 별다른 저서를 남기지도 않았고, 생전에 학파를 설립하지도 않았던 소크라테스가 자신의 사상을 후대에 남길 수 있었던 것 또한 제자인 플라톤 덕분이다. 플라톤이 자신의 수많은 저서를 통해 소크라테스의 생애와 사상을 전달했기 때문이다.

소크라테스는 '문답법'을 바탕으로 철학을 교육했다고 알려진다. 문답법이란 말 그대로 질문과 대답을 반복하는 교육방식을 말한다. 그는 끊임없는 질문과 대답을 통해 특정 지식에 대한 잘못된 근거와 가설을 밝혀냈다. 대체 그게 어떤 방식이냐고? 잠시 소크라테스와 어떤 사람의 대화를 통해 그 예를 살펴보자.

"당신은 신들이 모든 것을 알고 있다고 생각하는가?"

"당연하지. 그들은 신인걸."

"그럼 서로 의견이 일치하지 않는 신들이 있는가?"

"그야 물론이지. 신들이 늘 싸운다는 사실을 모르는 사람도 있는가?"(만약 이 부분이 이해가 안 된다면 그리스 로마 신화 속 이야기들을 떠올려보는 게 좋겠다.)

"그렇다면 무엇이 진리이고 옳은지에 대해 신들의 의견이 일치하지 않을 수도 있다는 건가?"

"분명 그렇지."

"그렇다면 때때로 신이 틀릴 수도 있는 것 아닌가?"

"그렇…다고 생각하네."

"그렇다면 신들이 모든 것을 알고 있는 건 아닐 수도 있겠군!"

소크라테스는 이런 식의 대화를 통해 상대방이 자신의 무지를 인정하고 더 깊은 진리를 깨닫도록 도우려고 했다. (그가 의원회는 물론 아테네의 수많은 사람에게 미움을 산 이유가 여기에 있다. 모른다는 걸 알게 되는 건 예나 지금이나 썩 기분 좋은 일은 아닐 테니 말이다.) 그는 진리를 깨우치려면 자신의 '모름'부터 아는 것이 중요하다고 생각했다. 그는 이를 "무지(無知)의 지(知)"라고 부르며, 이를 자각한 사람만이 지혜를 열렬히 사랑하게 되고, 비로소 진정한 행복에 도달할 수 있다고 믿었다. 끊임없이 '알아야' 행복할 수 있다고 믿는 우리와 달리, 소크라테스는 '몰라야' 행복할 수 있음을 사람들에게 전하고자 한 것이다. 다음과 같이 말이다.

"진정한 지혜는 자신의 무지를 자각하는 데 있다."

●

앎에 대해
다시 생각하라

그럼 소크라테스는 우리가 아무것도 몰라야만 행복할 수 있다고 믿은 걸까? 물론 그건 아니다. 이와 관련된 유명한 일화가 있다. 바로 델포이 신전의 신탁에 관한 이야기다. 소크라테스가 마흔 살 되던 무렵, 그의 친구 중 한 명이 신전에 가서 물었다고 한다. "아테네에서 가장 현명한 사람이 누굽니까?" 그러자 신전의 무녀는 이렇게 대답했다. "소포클레스는 현명하다. 에우리피데스는 더욱 현명하다. 그러나 소크라테스는 모든 사람 중에서 가장 현명하다!"

소식을 들은 소크라테스는 다음 날부터 곳곳의 현자들을 만나 질문했다. 그러나 소크라테스는 그들의 지식에 탄복하기는커녕 되려 그들이 '아는 척' 하기에만 바쁘다는 걸 알게 된다. 이윽고 그는 왜 신이 자기를 가장 현명한 사람으로 지목했는지 깨달았다. 그가 평소 "너 자신을 알라"라고 외치고 다닌 것과는 반대로, 대부분의 '잘 아는' 사람들은 자신의 무지함조차 알지 못했던 거다. 이를 조금만 뒤집어 생각하면 우리는 이런 사실도 알게 된다. 소크라테스가 그들보다 최소한 한 가지, 즉 자신의 '무지함'만큼은 더 알고 있었다는 사실을 말이다.

다시 돌아가서 생각해보자. 대체 우리는 무엇을, 얼마나 배워야 하는 걸까? 이번 이야기를 주의 깊게 읽은 사람이라면 아마도 눈치챘을 거다. "질문이 틀렸을지도 모른다"라는 사실을 말이다. 스스로 많이 안다고 여기는 사람, 정보와 지식을 머릿속에 많이 담으려고만 하는 사람은 실상 제대로 아는 경우가 드물다. 앎에 대한 서툰 강박과 어설픈 자부심으로 인해 더 깊이 알거나 자신만의 새로운 가치를 창조해낼 수 없는 경우가 많기 때문이다. 우리는 무엇을 '더' 알 수 있는지 묻기보다는 얼마나 '제대로' 알 수 있는지 자신에게 묻고, 고민해야 한다.

지금 스스로 돌아보자. 혹시 더 많이 알아야 한다는, 더 빨리 배워야 한다는 생각에 사로잡혀 있었던 건 아닐까? 깊은 사색과 고민을 통해 자신의 부족함을 깨닫고 이를 극복하려 노력하는 것. 어쩌면 그것만이 '앎'을 통해 행복해질 수 있는 유일한 방법인지도 모른다. 물론 이 또한 스스로 확인하기 전까지는 모르는 일이겠지만 말이다.

3.

멀리
높이

나아가고 싶은
마음

변화

왜 지금
변화가 필요할까?

"지금 선왕의 정치로
오늘의 백성들을 다스리고자 하는 것은
모두가 그루터기를 지키고 있는 부류와 같다."
—

한비자

하루가 다르게 바뀌는 시대다. 곧 새로운 시대를 이끌 것이라며 열광받던 기술과 문화는 하루만 지나도 낡은 것이 되어버리기 일쑤이고, 이른바 '전문가'를 자처하는 사람들의 말 또한 예측을 빗나가는 일이 다반사다. 예를 하나 들어볼까? 2000년대 초, 프랭크 레비 MIT 교수와 리처드 머네인 하버드대 교수는《노동의 새로운 분류》라는 책을 썼다. 이 책에서 두 사람은 단언했다. "자동차 주행 중 1초도 안 되는 짧은 순간에 복잡한 결정을 내리는 일을 컴퓨터는 절대로 할 수 없을 것"이라고 말이다. 덧붙여 "복잡하고, 감성적이며, 모호한 의미가 담긴 인간의 말을 컴퓨터는 절대 이해할 수 없다"라고도 주장했다. 물론 두 '석학'의 예측은 오늘날 보면 헛소리 혹은 완전히 빗나간 예언에 더 가까워 보이지만 말이다.

변화한다는 사실을 알아차렸다고 해도, 그 변화를 따르거나 선도할지 결정하는 것은 또 다른 문제이다. 변화에는 생각보다 많은 에너지가 소모된다. 기존에 따르던 전략과 목표의 수정은 당연하며, 내가 알고 있는 지식과 가치관을 송두리째 무너뜨려야 하는 경우도 다반사이기 때문이다. 그 예측이 빗나가는 순간에 벌어질 후폭풍도 내가 책임져야 할 몫 중 하나다. 변화는 정신 차릴 수 없을 만큼 빠르게 이루어지고, 선택의 요구 또한 쉴 새 없이 반복되는데, 실패의 책임은 그저 나 혼자만의 문제가 된다니! 이런 말도 안 되는 세상이 어디 있단 말인가?

우리는 궁금해한다. 변화하는 세상 속에서 대체 어떻게 살아야 하는지 말이다. 변화에 발맞춰 살아가야 하는 걸까, 아니면 변하지 않는 '무언가'를 찾는 일에 조금 더 시간을 쏟아야 하는 걸까? 만약 변화해야 한다면 어떤 선택을 하는 것이 좋을까? 현실적이어야 할까? 아니면 조금은 이상(理想)적인 것이 좋을까?

적에게 인정받은 사상,
법가

법가(法家) 사상을 집대성한 한비자는 우리와 마찬가지로 급변하는 시대를 살아간 철학자였다. 그는 기원전 280년경 태어난 전국시대 말기의 사상가이다. 그의 이름은 한비(韓非)이며, 한나라의 왕이었던 안(安)의 서공자(庶公子)로 알려져 있다. 참고로 서공자란 어머니의 신분이 낮은 귀족을 말한다. 한비자는 유가의 대표적 사상가인 순자의 제자로 알려져 있으며, 순자의 인간관이라고 할 수 있는 성악설(性惡說)에 많은 영향을 받았다.

한비자는 한나라에 있는 동안 55편 10만 자에 달하는 책《한비자》를 저술했다. 이 책에 실린 글은 대부분 한나라의 지도자에게 바치기 위해 쓰였다. 하지만 그의 주장은 외면받았고, 자기 생각이 받아들여지기 어렵다는 사실을 깨달은 그는 일찍이 산으로 들어가 문하생을 모으고 이들을 가르쳤다.

자신의 나라에서 외면받은 한비자의 사상은 엉뚱하게 적국인 진나라에서 주목받았다. 심지어 훗날 중국을 통일하고 시황제(始皇帝)가 된 진나라의 왕 정(政)은 《한비자》를 읽은 뒤 "이 책의 저자와 교류할 수 있다면 죽어도 여한이 없다"라고 말했다고 한다. 물론 나중에 눈에 불을 켜고 불로초를 찾아다닌 걸 보면, 이런 말을 했다는 게 그리 믿어지지는 않지만 말이다.

물론 왕의 눈에 들고 싶은 사람들이 이 말을 놓쳤을 리 없다. 당시 진왕의 신하 중에는 한비자와 어린 시절 함께 공부한 이사(李斯)가 있었다. 그는 한비자를 진나라로 불러들이기 위해 묘책을 마련한다. 바로 진나라가 한나라를 공격할 준비를 하고 있다는 유언비어를 퍼뜨린 것이다. 약소국이었던 한나라는 이사의 예상대로 화평을 요청하기 위해 한비자를 진나라로 파견했다. 왕은 한비자를 만나고 매우 기뻐하며 그를 진나라에 머물게 하려고 갖은 애를 썼다. 하지만 그 모습에 질투를 느낀 이사가 왕을 찾아가 한비자를 모함한다. "아시는 것처럼 한비자는 한나라의 공자입니다. 지금 왕께서는 (진나라를 넘어) 천하를 통일하고자 하십니다. 이런 상황이라면 한비자는 결국 자신이 속한 한나라를 돕지, 우리 진나라를 돕지는 않을 것입니다. 이런 상황에서

그를 무사히 돌려보내는 건 왕께서 스스로 후환을 남기는 것이
나 다름없습니다. 기회가 왔을 때 적당한 구실을 만들고, 법에 따
라서 그를 죽이시지요."

결국 이사의 꼬임에 넘어간 왕은 핑계를 만들어 한비자를 옥
에 가두었다. 곧이어 이사는 감옥으로 사람을 보내 한비자에게
독약을 건넸고 말이다. 얼마 지나지 않아 왕은 자신의 행동을 후
회하고 한비자를 사면하라는 명령을 내렸지만, 이미 한비자는
세상을 떠난 뒤였다. 물론 한비자의 계책은 진나라에 남았고, 이
를 충실하게 따른 진왕은 결국 전국을 통일하게 되었다.

●

쟁기를 버리고
그루터기만 지키더라

한비자로 대표되는 법가는 부국강병이라는 현실적 대안을 제시
하며 진나라의 천하 통일에 일조했다. 그는 당대에 주류로 분류
되던 사상들이 시대의 변화를 읽지 못한 채 옛것만을 좇고 있다
고 지적했다. 그는 다음과 같이 말했다.

"송나라 사람이 밭을 갈고 있었다. 밭 가운데 그루터기가
있었는데 토끼가 달리다가 그루터기에 부딪쳐 목이 부러
져 죽었다. 그 후로 그는 쟁기를 버리고 그루터기만 지키

면서 다시 토끼를 얻을 수 있기를 바랐지만 토끼는 다시 얻지 못하고 송나라 사람들의 웃음거리만 되었다. 지금 선왕의 정치로 오늘의 백성들을 다스리고자 하는 것은 모두가 그루터기를 지키고 있는 부류와 같다."

춘추전국시대에 활동한 유가, 도가, 묵가 등 당대 주류 사상들은 이전 시대의 왕과 국가 혹은 그 시기의 삶을 이상향으로 제시하는 경우가 많았다. 유가의 공자가 요순시대를, 묵가의 묵자가 하나라의 우임금과 그의 시대를 본받아야 한다고 주장했던 것이 대표적인 사례이다. 하지만 한비자가 보기에 이는 시대에 뒤떨어진 생각에 불과했다. 한비자가 말한 수주대토(守株待兔)는 변화하는 현실에 발맞추지 못하고, 낡은 기준과 잣대로 세상을 살피는 이들을 풍자하는 이야기이다. 한비자를 비롯한 법가의 사상가들은 세상이 변하면 올바름을 행하는 방법도 당연히 달라져야 한다고 생각했다.

●

나라를 부강하게 만드는
세 가지 방법

그렇다면 한비자는 어떤 방식으로 나라를 다스려야 한다고 생각했을까? 우선 그는 인간을 이기적이며 앞을 내다보지 못하는 존재라고 파악했다. 그 때문에 나라의 부강과 사회적 화합은 백성들이 통치자의 미덕을 인정하는 때가 아닌, 국가 차원의 강력한 통제와 권위에 대한 절대복종이 이루어질 때만 가능한 것이라고 여겼다.

한비자는 강력한 국가를 만들기 위한 방법으로 법술세(法術勢)를 제시한다. 우선 법(法)이란 정치를 하는 과정에서 필요한 '공정하고 엄격한 원칙'을 말한다. 백성들이 반드시 따라야 하는 성문화된 약속을 의미하며, 이를 따르면 상을 받고 저항하면 벌을 받는다.

술(術)은 군주가 신하를 다스릴 때 쓰는 '통치술'을 말한다. 여기에는 관직을 임명하는 일부터 상과 벌을 주는 일, 능력을 심사하는 일이 모두 포함된다. 술은 법과 달리 성문화되지 않으며, 군주의 독점권을 바탕으로 이뤄지는 것이 특징이다. 한비자는 술을 올바로 사용하려면 군주의 '경청'이 필요하다고 강조했다. 사적인 욕심을 부리지 않으며, 주변 사람들의 의견을 충실히 들어가며 정치해야 한다는 이야기이다. 만약 군주가 술 없이 권력을 차지하게 된다면? 한비자는 이를 '바보처럼 멍청하게 윗자리를 차지하는 꼴'이라고 표현한다. 술 없이 권력을 차지하는 것은 권력을 가지지 않은 것만 못하다는 이야기이다.

마지막 세(勢)는 군주가 가져야 할 '권세 혹은 권력'을 말한다. 기본적으로 세는 타고나는 것이다. 왕의 자식이 왕이 되고, 재벌의 자식이 재벌 2세, 3세가 되는 것처럼 말이다. 하지만 동시에 세는 스스로 만들어야 하는 것이기도 하다. 기세(氣勢)를 올리고, '대세(大勢)감'을 만드는 것처럼 말이다. 한비자는 올바른 군주란 주변의 상황과 조건을 파악하고 활용하여, 자신이 목표하는 방향으로 세를 만드는 사람이라고 설명했다.

법술세는 상호보완적인 성격을 가지고 있다. 다시 말해, 한비자는 세 통치원리가 함께 어우러져야 제대로 된 국정 운영이 가능하다고 보았던 거다. 만약 하나라도 제대로 돌아가지 않으면 나라는 어지러워지며, 반대로 세 가지 모두 잘 작동하면 아무리 현명하지 못한 군주라도 나라를 잘 다스릴 수 있게 된다.

●

변화는
어떠해야 하는가

그럼 처음 던졌던 질문으로 되돌아가보자. 우리는 변화해야 할까? 그리고 그 변화는 어떤 방향이어야 할까? 만약 한비자가 이 질문을 받았다면 그는 망설임 없이 대답했을 것이다. "변화해야 하며, 그 변화는 현실적이어야 한다"라고 말이다. 한비자는 당대와 후대의 수많은 사상가에게 비판받았다. 비판의 이유는 한결같았다. 그의 철학이 백성에 대한 사랑이 아닌, 군주 권력의 유지와 확장에만 관심을 둔 '비민주적 사상'이라고 인식되었기 때문이다.

　하지만 무조건 이 비판을 따르기에 앞서, 한비자를 비롯한 법가 사상가들이 이런 주장을 하게 된 맥락만큼은 함께 살피는 것이 좋을 것 같다. 한비자가 살았던 시기, 즉 춘추전국시대는 미디어가 발달한 요즘에도 상상할 수 없는 혼란이 벌어졌다. 사람이 죽고 삶의 터전이 송두리째 날아가는 전쟁이 매일같이 벌어졌으며, 사람들의 삶은 점점 더 피폐해져갔다. 이 상황에서 법가 사상가들은 자신들의 시대가 인간의 선의나 도덕심만 믿고 변화를 기다리기는 어려운 때라는 사실을 인정해야 한다고 보았다. 그리고 그에 따르는 현실적인 대안을 제시하여 문제를 해결하고자 했다. 그 고민의 결과가 바로 부국강병과 강력한 중앙집권 체제 확립을 통한 천하 통일이라는 대안이었다. 이들의 해결책을 따른 권력자, 즉 진시황제는 실제로 천하 통일이라는 대업을 달성할 수 있었다. 물론 그 이후 백성들의 삶이 나아졌는지는 별개의 문제이지만 말이다.

　지금까지 한비자의 이야기를 듣고 누군가는 이런 생각을 할지도 모른다. 그건 '한비자의 시대에나 적용되는 이야기일지 모른다'라고, '빠르게 변화하는 오늘날, 더 중요한 건 흔들리지 않는 자신만의 기준과 철학'이라고 말이다. 물론 그럴지도 모른다. 하지만 그런 생각을 가진 사람이라도 한비자를 알고 이해하는 것이 결코 무의미하거나 잘못된 건 아니라는 점만큼은 알아주었으면 좋겠다. 오늘날 우리가 그에게 배워야 할 점은 단지 변화의 방향이 아니라, 그가 살아간 시대와 현실을 치열하게 고민하고

더 나은 방향으로 바꿔가고자 한 그의 노력이 모두 포함되는 것
일 테니 말이다.

한계

우물 속에서
바다를 향해

"우물 안 개구리에게는 바다를 이야기할 수 없다.
한곳에 매여 살기 때문이다.
메뚜기에게는 얼음을 이야기할 수 없다.
한 철에 매여 살기 때문이다."
—

장자

가끔 타임슬립을 주제로 한 드라마나 영화를 보면 '어휴, 저게 말이 돼?' 하며 답답해질 때가 있다. 지금 우리의 상식 혹은 감수성으로는 도저히 불가능한 행동을 하는 주인공 혹은 등장인물 때문이다. 사무실 안에서 단체로 담배를 뻑뻑 피우는 모습은 애교에 속한다. 여성이라는 이유로 동등한 직장 동료처럼 대하지 않는다거나, 특정 인종 또는 지역 출신이기 때문에 차별대우를 받는 게 당연하다는 식의 행동을 보다 보면 대체 무엇부터 설명해야 할지 난감해진달까.

물론 이런 상황을 작품 속에서만 만나게 되는 것도 아니다. 이 모습은 동시대를 살아가는 사람들 사이에서도 흔히 볼 수 있기 때문이다. 마치 편 가르기 하듯 내 편, 네 편 나누어 상대방을 향해 손가락질하는 사람, 상대방의 이야기는 들을 필요도 없다는 듯 양쪽 귀 꼭 막고 본인의 생각만 소리 지르는 사람들을 우리는 지금도 주변에서 심심찮게 볼 수 있다.

그럼 대체 왜 우리는 이런 문제를 겪게 되는 것일까? 한계와 편견에 맞서 문제를 해결하고자 했던 철학자를 만나보자. 바로 선진도가의 사상가 중에서도 가장 위대한 인물, 장자를 말이다.

누구에게도 얽매이지 않는
삶을 산 사람

장자는 기원전 369년경 송(宋)나라에 속하는 몽(蒙)이라는 지역에서 태어났다고 알려진다. 송나라는 춘추전국시대의 약소국 중하나로 사전지지(四戰之地)라고 불릴 정도로 수없이 많은 전쟁에 휩싸였던 지역이다. 당연히 장자는 약소국 사람들의 비애와 고통을 직접 겪고 지켜볼 수밖에 없었다.

　장자는 대부분의 시간을 자신이 태어난 곳에서 지내며 은둔생활을 했다고 한다. 하지만 그의 뛰어난 사상과 박식함은 멀리까지 알려졌다. 중국 전한 시대의 역사가이자 《사기》의 저자인 사마천은 "살피지 않은 학문이 없을 정도로 박학다식하였다"라고 그를 묘사했을 정도다. 그의 명성을 들은 초나라의 위왕(威王)은 그에게 부귀를 누릴 수 있도록 해줄 테니 초나라의 재상이 되어달라고 청하기도 했다. 물론 장자는 다음과 같은 말로 이를 거절한다. "내가 듣기로 초나라에는 신령스러운 거북이 있는데 죽은 지 이미 3,000년이나 되었다 합니다. 임금은 그것을 비단으로 싸고 상자에 넣어 묘당에 보관한다 합니다. 당신이 그 거북의 입장이라면, 죽어서 뼈만 남기어 존귀하게 되고 싶겠소, 아니면 살아서 진흙 속에서 꼬리를 끌고 다니고 싶겠소?"

　얽매이지 않으려다 보니 그는 늘 가난했다. 쌀을 빌려 끼니를 해결하거나, 짚신을 삼아 생계를 해결하기 일쑤였다고. 그럼에도 그는 이를 조금도 부끄러워하지 않았다. 어느 날 그가 여느 때처럼 누더기 옷을 입고 길을 걸을 때였다. 행차 도중 위나라의 혜왕이 그의 누추한 모습을 발견하곤 몹시 놀랐다. 그는 "어째서 이렇게 지친 것이냐?"라고 걱정하는 투로 장자에게 물었다. 이를 가만히 듣고 있던 장자가 대꾸했다. "나는 가난한 것이지, 지친 것이 아니오. 지쳤다는 말은 선비가 덕을 지녔지만 이를 행동으로 옮기지 못했을 때나 어울리는 말이오. 옷이 해지고 신발에 구멍이 난 것은 그저 가난한 것일 뿐이오."

●

각종 사상의 출현기,
춘추전국시대

그럼 대체 장자는 어떤 철학을 펼쳤던 걸까? 이를 알기 위해 우리는 장자가 살아간 시대의 특징을 알아볼 필요가 있다. 그가 살아간 춘추전국(春秋戰國)시대는 이른바 '동양철학 사상의 폭발적 출현 시기'였다고 할 수 있다. 유가, 도가, 묵가, 명가, 법가 등 우리가 한 번쯤 들어본 사상이 대부분 이 시기에 시작됐을 정도이니 말이다. 여기서 춘추전국시대란 기원전 770년부터 기원전 221년까지 약 550년의 기간을 이른다. 기원전 770년부터 기원전 403년까지는 공자의 역사서 《춘추》의 명칭을 따 춘추시대라는 이름이 붙었으며, 기원전 403년부터 기원전 221년은 여러 강대국이 중국 대륙을 통일하기 위해 치열하게 다투었다는 의미로 전국시대라는 이름으로 불리게 되었다.

사람들은 이 시기 다양한 사상이 한꺼번에 생겨나고 발달한 근거에 대해 다음과 같이 말한다. 우선 철기의 사용을 들 수 있다. 철기의 사용은 대부분의 문명에 긍정적인 변화를 불러 왔다. 특히 중국의 경우 농기구 제작에 적합한 주철(鑄鐵)이 먼저 일반화되고, 이로 인해 농업 생산량이 늘어난 것이 가장 큰 특징이었다. 아울러 전국시대부터는 소를 이용하여 농사를 짓는 '우경(牛耕)'이 시작되었으며, 수리관개 시설의 발달로 인해 경지 또한 큰 규모로 확대되었다. 즉, 더 많은 사람이 이전보다 '먹고살 만한' 시대가 온 것이다.

농업뿐만 아니라 상공업 분야에서도 변화가 시작되었다. 제철업, 제염업, 상업 등 다양한 분야에서 큰 재산을 축적한 사람들이 생겨났고, 이에 영향을 받아 민간 수공업자와 중소상인들의 수도 대폭 늘어났다. 물론 이러한 발달은 상업도시의 출현과 도시 발전의 촉진에도 긍정적인 영향을 미친다.

춘추전국시대는 기술 및 경제 발전과 더불어 수많은 나라가 생기고, 충돌하며, 혼란이 가중된 시기였다. 여러 나라의 지도자들은 경쟁에서 앞서 나가기 위해 유능한 인재를 발굴하는 일에 주력했다. 물론 이런 변화에 발맞춰 수많은 사상가가 출현하고, 또 그들 나름의 대안을 내놓았다. 우리는 이들을 여러 학자라는 뜻의 '제자(諸子)'와 수많은 학파라는 의미를 지닌 '백가(百家)'를 더해 제자백가라고 부른다.

●

아무런 거리낌 없는
소요유

제자백가 가운데서도 가장 활발할 활동을 펼친 집단은 '유가'의 철학자들이었다. 이들은 사회 혼란의 근본적인 해결 방법으로 적극적인 개입과 끊임없는 노력을 강조했다. 능력 있는 인재와 국가가 나서 산적한 문제를 적극적으로 해결해야 한다고 보았던 것이다. 하지만 장자는 여기에 반대했다. 유가와 다른 시각, 다른 방법으로 문제를 해결하고자 했던 것이다. 그는 사회를 개혁하기 위한 근본적인 대안은 개개인의 '자유와 해방'이라고 보았다. 그리고 개인을 보호한다는 명목 아래 이뤄지는 규제와 제약을 일종의 '재앙'으로 파악했다. 그는 근본적인 문제를 해결하려 하지 않고, 그저 눈에 보이는 현상만을 진단하는 수많은 제자백가의 사상을 두고 다음과 같이 말했다.

"우물 안 개구리에게는 바다를 이야기할 수 없다. 한곳에 매여 살기 때문이다. 메뚜기에게는 얼음을 이야기할 수 없다. 한 철에 매여 살기 때문이다."

그렇다면 장자는 대체 어떤 세상을 꿈꿨기에 다른 철학자들을 이와 같이 표현했던 걸까? 이를 알아보기 위해서는 그의 사상이 가장 잘 나타나는 단어 '소요유(逍遙遊)'의 의미를 살펴볼 필요가 있다. 소요유란 '아무런 거리낌 없이 자유롭게 거닌다'라는 의미이다. 물론 이때 사용된 '거닌다'라는 표현이 '정해진 목적지를 향해 걷는 것'을 의미하지는 않는다. 오히려 걷는 것 자체에 목적이 있다고 볼 수 있다. 인간의 삶 위에 특정한 이론이나 사상, 권력이 존재할 수 없다는 것이 소요유의 의미이자 장자 철학의 핵심이기 때문이다. 다시 말해, 장자는 '궁극적 자유'와 '자유의 절대적 경지'를 강조한 철학자였던 것이다.

그는 소요유의 단계를 크게 네 가지로 구분한다. 우선 첫째 단계는 지극히 현실적인 인간, 상식인(常識人)이다. 마치 메추라기처럼 속이 좁은 사람을 뜻한다. 둘째 단계는 송영자(宋榮子) 같은 사람이다. 송나라 사상가인 그는 반전을 외친 평화주의자로 알려져 있다. 송영자는 자신을 향한 칭찬이나 모욕을 개의치 않았지만, 아직도 칭찬받으려는 사람을 못마땅하게 여긴다는 점에서 부족한 면이 있다. 셋째 단계는 열자(列子)와 같은 사람이다. 바람을 타고 비행한다고 알려진 그는 자유롭게 여행하다가 15일 뒤에 돌아오곤 했다. 그가 보름 뒤에 돌아온 까닭은 불어오는 바람을 기다려야 했기 때문이다. 즉, 한없이 자유로워 보이지만 바람이라는 외적 조건에 의지하는 한계를 가지고 있었던 거다. 넷째 단계가 바로 절대적 자유의 상태인 '소요유'이다. 장자는 이 단계에 이른 이들을 성인(聖人)과 신인(神人), 지인(至人)이라고 부른다. 이들은 흔적을 남기지 않는 무기(無己), 무공(無功), 무명(無名)의 경지에 이른 사람들이다.

사람들은 장자의 철학이 경물중생(輕物重生)으로 대표되는 초기 도가 철학자 양자의 사상을 발전시킨 것이라고 해석한다. 경물중생이란 말 그대로 생명을 중요하게 여기는 사상이다. 장자는 단순히 생명을 보호하는 차원을 넘어, 인간의 삶과 사상을 더 높은 차원으로 고양해야 우리가 겪고 있는 문제를 근본적으로 해결할 수 있다고 보았다.

장자는 약소국이라는 가혹한 현실 속에서 자신의 사상을 키워냈다. 가난과 부자유 속에서 살았지만, 이를 벗어난 '자유'를 지향하는 사상 체계를 구축한 것이다. 말하자면 우물 속에 살지만 저 멀리 바다를 보려 노력하고, 마침내 꿈을 이뤄낸 인물이 장자였던 거다. 물론 이 일이 결코 쉽지는 않다. 우리가 서두에서 이야기 나눈 것처럼, 대부분의 사람은 자신의 한계와 이로 인해 생겨난 편견을 벗어나지 못하고 외려 바깥의 사람, 다른 우물 속의 개구리를 향해 손가락질하기 바쁘기 때문이다.

지금 잠시 시간을 내어 자신을 되돌아보자. 혹시 나 역시 내가 잘못되었다고 믿어 의심치 않았던 사람과 똑같이 행동하고 있는 건 아닌지 말이다. 그 한계를 벗어날 때, 우리는 우리가 꿈꾸는 삶에 한 발 더 다가설 수 있을 것이다. 당신이 바라는 목표는 분명 어렵지만, 결코 불가능한 것은 아니다.

자유

침묵을 깨고
목소리를 내야 하는 이유

"사람들이 듣기 싫어도 찬반양론을
모두 들을 수밖에 없는 곳에는 언제나 희망이 있다."
—
밀

회사생활을 다룬 드라마나 예능을 보면 꼭 나오는 장면이 하나 있다. 바로 부장님이 '고오급' 중식당에 데리고 가 "마음껏 먹게, 나는 짜장면 하나만 시켜주고" 하는 장면 말이다. 굳이 왜 짬뽕도 아니고(500원 더 비싸서 그런 건가) 짜장면인지는 모르겠지만, 그 다음 전개 과정은 늘 뻔하다. 부하직원들이 연달아 "저도 짜장면 먹겠습니다"를 반복하던 중 눈치 없는 신입사원이 "저는 깐풍기요!"라며 당당히 자기 소신을 외치는 거다. 물론 이 신입사원은 이후부터 눈치 없다, 개념 없다며 직장 선배와 동료들에게 뒷담화를 당하게 될 운명이고 말이다.

  굳이 중국집이 아니더라도 튀는 의견, 남과 다른 생각을 가진 사람은 조직과 사회에서 사랑받기 어렵다. 단합을 도모하는 직장 체육대회나 등산모임을 빠지고, 남들이 신나게 부어라 마셔라 하고 있는 회식 자리에서 "죄송하지만 전 술을 별로 안 좋아해서요"라고 대답하는 사람을 그대로 존중하고 받아들여주는 곳이 어디 많은가. 세상이 변했다고? 아, 물론 그렇기는 하다. 얼마나 많이 바뀌었는지 부장님이 하실 말씀이 있는 모양이다. "라떼는 말이지…."

단합대회와 회식 같은 행사가 아닌 회사의 업무 영역으로 들어와도 사정은 마찬가지이다. 남들과 다른 기준, 다른 관점으로 일처리를 하는 순간, 모든 책임은 내가 지고 가야 할 몫이 되어버리기 때문이다. 모든 이들의 꿈, 정년 보장형 월급 루팡이 되고 싶다면 위험을 굳이 감수하거나 튀는 모습을 보여주어서는 안 된다. 있어도 없는 듯, 물에 물 탄 듯 그저 다수의 의견을 따르는 게 최선이다. 내 생각대로 말할 자유, 남의 시선과 손가락질을 의식하지 않고 행동할 자유 따위는 생각조차 해서도 안 된다는 얘기다.

반대의 경우, 그러니까 당신이 다수인 경우도 마찬가지이다. 굳이 상대를 배려하려고 하지 않아도 된다. 어차피 그들은 곧 이 사회에서 배제되고 배척될 존재이니 말이다. 개인적인 입장을 들을 필요도, 숨겨진 사정을 주의 깊게 살필 필요도 없다. 그는 '틀린' 사람이고, '잘못'된 선택을 한 것뿐이며, 세상에 '불필요'한 존재이니 말이다.

●

영재,
공리주의자가 되다

《자유론》의 저자인 존 스튜어트 밀은 1806년 영국 런던에서 태어났다. 그의 아버지인 제임스 밀은 스코틀랜드에서 귀족의 비서로 활동했는데, 런던으로 거처를 옮긴 뒤 학자로 활동하며 경제학과 역사학 분야에서 꽤 명성을 얻은 인물이었다.

제임스 밀은 아들을 훌륭한 사상가로 키우고자 했다. 그래서 아주 어린 시기부터 철저하게 계획을 짜고, 그 계획에 맞춰 교육을 시켰다. 세 살 때부터 그리스어 공부를 시켰고, 일곱 살 때는 성인도 읽기 어려운 플라톤의 《대화편》을 공부하도록 했다. 여덟 살이 되던 해부터는 당시 모든 학문의 기초 교양과 같았던 라틴어를 공부하게 했고, 열세 살 때는 본격적으로 고급 경제학을 가르쳤다.

아이들은 이런 강도 높은 교육에 적응하지 못하는 경우가 대부분이지만, 밀은 그 과정을 모두 훌륭하게 수행했다. "교육은 모든 것을 할 수 있다"라는 아버지의 신념이 적중한 사례였달까. 게다가 어찌나 영특했는지 어린 시절부터 아버지가 쓴 원고를 편집하고 수정했던 것은 물론, 16세 때부터는 신문에 자신의 글을 기고했다.

어린 시절 그에게 가장 큰 영향을 미친 인물은 아버지가 존경해마지 않았던 철학자 제러미 벤담이었다. 벤담은 유명한 공리주의자이자 급진주의자였다. 그는 보통선거와 비밀선거를 주장했으며, 가난 해방과 동물권을 옹호하기도 했다. 그게 무슨 급진적인 주장이냐 싶다면 벤담이 주로 활동한 시기가 1700년대 후반부터 1800년대 초반까지라는 사실을 되새길 필요가 있다. 오늘날에는 당연하게 느껴지는 이야기가 그때만 해도 낯설고 과격한 주장으로 들렸던 거다. 어찌 됐든 밀 부자는 벤담의 가장 큰 지지자이자 수제자였다. 심지어 공리주의라는 명칭도 존 스튜어트 밀이 만든 학습 모임인 '공리주의자 협회'에서 나왔을 정도로 말이다.

하지만 삶이 늘 매끈하게만 흘러갈 수는 없는 법이다. 어린 나이부터 학자의 자격을 갖춰가던 밀은 늦은 사춘기를 겪게 됐다. 여기에는 아버지의 곁을 떠나 1년간 머문 프랑스 생활의 영향이 컸다. 수많은 프랑스 지식인들과 어울리며 그들의 사상을 배우는 한편, 영국을 벗어나 여러 국제적 이슈로 눈을 돌리는 계기가 되었기 때문이다. 이후부터 밀은 벤담의 철학이 가진 한계를 넘어선 공리주의 체계를 만들기 위해 노력했다.

●

사랑에 빠진
철학자

얼마 뒤, 밀은 그의 삶을 바꾼 사랑에 빠졌다. 상대는 아이가 둘이나 있던 테일러 부인이었다. 자칫 도덕적으로 지탄받을 수도 있는 상황이었지만, 그들은 예외적 경우였다. 이들이 크게 비난받지 않을 수 있었던 것은 밀과 테일러 부인 그리고 그녀의 남편인 테일러의 이성적인 태도 때문이었다. 밀과 테일러 부인은 20년 넘게 정신적 사랑을 유지했으며, 주변 사람들 역시 이를 크게 문제 삼지 않았다. 결국 두 사람은 남편 테일러가 세상을 떠나고 2년이 지난 뒤 결혼을 결심하게 된다. 아무도 초대하지 않은 두 사람의 결혼식은 그녀의 아이들이 증인이 된 가운데 소박하게 이루어졌다. 두 사람은 《자유론》, 《여성의 종속》 등 여러 권의 책을 함께 저술하는 등 활발한 지적 성찰을 이어갔다. 하지만 행복은 오래가지 못했다. 결혼한 지 7년 만에 테일러 부인이 결핵으로 세상을 떠난 것이다.

상심이 컸지만 그럼에도 밀은 자신의 철학을 현실로 만들기 위한 활동을 이어갔다. 영국 하원 의원에 당선되기도 했는데 그의 당선은 거의 기적이나 다름없었다. 선거운동을 안 한 건 물론이고, 지역구만을 위해 일하지 않겠다고 선언했기 때문이다. 여성 참정권을 보장해야 한다고 목소리를 높이기도 했다. 참고로 영국에서 여성의 참정권이 허용된 시기는 밀의 사망 후 거의 50년이 지난 1918년이었다. 그나마 만 21세부터 투표권을 인정받을 수 있었던 남성과 달리, 만 30세 이후에나 투표가 가능하다는 단서조항이 붙은 채로 말이다.

●

자유는 누구에게나
보장되어야 한다

밀은 사회가 개인을 상대로 정당하게 행사할 수 있는 권력의 성질과 그 한계를 살펴보려고 한 철학자였다. 그는 이러한 문제가 자신의 시대에는 아직 큰 관심거리가 되지 못하지만, 과학기술과 문명이 발전하고 인간의 삶이 진보를 거듭할수록 중요한 문제로 부각될 것으로 예측했다.

우선 밀은 자유와 권력의 다툼이 역사가 시작된 까마득한 옛날부터 이어져왔다고 이야기한다. 그는 역사 초기에는 한 사람혹은 하나의 계급이 지배하는 독재 권력이 행사되었다고 설명하며, 이 권력자들은 어떤 경우에도 피지배 계층을 위해 권력을 행사하지 않았다고 말한다. 그러다 결국 이를 걱정하는 사람들이 나타났고, 자신들의 나라를 온전히 지탱하기 위해 최고 권력자가 행사할 수 있는 힘의 한계를 규정하게 되었다. 그 때문에밀은 이 시기의 자유란 '권력에 제한을 가하는 것'을 일컫는다고 말한다.

시간이 지나 민주 정부가 설립되었다. 물론 민주 정부도 문제가 없는 것은 아니다. 밀은 특히 '다수의 횡포'를 온 사회가 경계해야 할 가장 큰 해악 중 하나로 말한다. 그리고 밀은 이를 해결하는 방법으로 자유에 관한 하나의 명제를 제시한다. 바로 "인간 사회에서 누구든 다른 사람의 행동의 자유를 침해할 수 있는 경우는 오직 한 가지, 자기 보호를 위해 필요할 때뿐"이라는 명제 말이다.

밀은 자유의 기본 영역을 크게 셋으로 나누어 설명한다. 첫째는 내면적 의식의 영역이다. 우리가 모든 주제에 대해 양심의 자유, 생각과 감정의 자유 그리고 절대적인 의견과 주장의 자유를 누려야 함을 말한다. 둘째는 자신의 기호를 즐기고 자기가 희망하는 것을 추구할 자유이다. 밀은 사람들 모두 각각의 개성에 맞게 자기 삶을 설계하고 자기 좋은 대로 살아갈 자유를 누려야 한다고 말한다. 물론, 이것이 남에게 해를 주지 않는 한 간섭이나 참견을 해서도 안 되고 말이다. 마지막은 결사의 자유이다. 타인에게 해를 입히는 경우나 억지로 끌려온 경우가 아니라면, 모든 성인이 어떤 목적의 모임이든 자유롭게 결성할 수 있어야 한다는 것이다. 밀은 이 세 가지 자유가 모두 보장되어야만 진정으로 자유로운 사회가 될 수 있다고 이야기한다.

●

단 한 사람도
배제하지 않는 자유

또한 그는 모든 인류 가운데 단 한 사람이 다른 생각을 하고 있다고 해서 그 사람에게 침묵을 강요하는 일은 옳지 못하다고 이야기한다. 이 경우는 어떠한 상황이라도 잘못된 것이다. 그는 그 이유를 크게 네 가지로 설명한다.

첫째, 침묵을 강요당하는 모든 의견은 진리일 가능성이 있다.

둘째, 설령 그 의견이 틀린 것이라 하더라도 일정 부분 진리를 담고 있을 가능성이 있다.

셋째, 통설이 전적으로 옳은 것이라 하더라도, 어렵고 진지하게 시험받지 않으면 사람들은 이를 합리적인 근거로 이해하지 못하고 하나의 편견으로만 간직하게 될 수도 있다.

넷째, 이로 인해 결국에는 주장의 의미 자체가 실종되거나 퇴색하면서 그러한 통설이 무의미한 것으로 변할 위험이 있다.

밀은 이러한 잘못이 현세대에만 문제가 되는 것이 아니라 미래세대에도 영향을 미칠 수 있다고 말하며, 생각과 토론의 자유가 보장되는 것이 민주사회에서 무엇보다 중요한 가치라고 역설한다.

그렇다면 사회가 개인에게 행사할 수 있는 권한의 한계는 어디까지일까? 밀은 개별성의 존중을 최우선 가치로 두지만 사회성도 등한시하지 않았다. 그는 사회에서 보호받는 사람이라면 누구든 자신이 혜택을 받은 만큼 사회에 갚아야 하며, 사회 속에서 사는 한 다른 사람들과 공존하기 위해 일정한 규칙을 준수하는 것이 불가피하다고 주장했다. 또한 다른 사람의 이익을 침해해서는 안 되며, 사회를 방어하거나 사회 구성원이 괴롭힘을 당하지 않도록 하는 데 필요한 노동과 희생 중에서 자신의 몫을 감당해야 한다고 말한다.

●

자유에 대한
우려에 대하여

밀의 주장을 듣노라면 문득 이런 생각이 떠오르기도 할 것 같다. '만약 그 의견이 들을 가치도 없고, 행동할 자유가 주어져서도 안 되는 것이라면 어쩌지?' 하는 생각 말이다. 이 생각은 꽤 합당한 우려 또는 걱정처럼 보인다. 발언권을 부여받은 '한 명'이 나쁜 생각을 가진 사람이라 자칫 잘못되어 수많은 사람이 희생당할 수도 있다는 생각, 잘못된 주장을 펼치는 단체가 사회 혹은 특정 분야의 진보를 심각하게 늦출 수도 있다는 생각이 완전히 틀린 것은 아니기 때문이다.

그렇지만 밀이 그런 이야기를 하고자 한 것은 아니었던 듯싶다. 그는 이런 걱정과 우려보다는 인간의 가능성을 끝없이 신뢰하는 일에 온 힘을 쏟았다. 잘못된 주장을 하는 사람이라 하더라도 끊임없는 대화와 토론을 통해 설득할 수 있다고 믿었으며, 오히려 그들의 말과 주장 속에서 다수가 보지 못한 통찰을 찾을 수도 있다고 생각했던 거다. 그는 말한다.

"각각 진리의 어느 부분을 반영한 다양한 의견들이 제시되고 격렬하게 충돌하는 것은 해로운 것이 아니다. 도리어 진리의 절반을 담고 있는 어떤 의견들이 쥐도 새도 모르게 억압되고 있는 것이야말로 우리가 진정으로 두려워해야 할 가공할 해악이다. 사람들이 듣기 싫어도 찬반양론을 모두 들을 수밖에 없는 곳에는 언제나 희망이 있다."

●

그럼에도 자유는
필요하다

물론 현실은 밀의 생각만큼 아름답기만 하지 않았다. 밀이 세상을 떠난 뒤에도 끊임없이 독재자가 출현했고, 수많은 다수는 늘 힘없는 소수를 밀어내고 배척했다. 소수는 다수가 된 순간 자신들의 지난날을 잊어버렸고, 애써 쟁취한 자신의 지위를 유지하기 위해 수단과 방법을 가리지 않았다.

그럼에도 우리는 안다. 개인이 성장하고, 사회의 건정성이 유지되며, 인류가 진보하기 위해선 누구에게나 반드시 '자유'가 필요하다는 사실을 말이다. 기존의 통념과 다른 진리를 발견한 과학자가 처벌과 손가락질을 감수하지 않아도 자신의 발견을 말할 수 있었다면, 주류의 삶을 사는 지도자들이 소수의 입장을 두루 살피고 그들을 위한 정책을 내놓을 수 있었다면 세상은 얼마나 더 많이, 더 빨리 바뀔 수 있었겠는가. 자, 우리도 행동해야 할 때

다. 물론 시작은 오늘 회식 자리에서 신입사원과 함께 당당하게
깐풍기를 외치는 일일 테고 말이다.

세상을 바꾸기 위해
우리는 무엇을 하고 있는가

"이제까지 철학자들은 세계를 다양하게 해석해왔을 뿐이다.
그러나 문제는 세계를 변화시키는 데 있다."
—

마르크스

철학과에 입학하고 얼마 뒤, 나보다 몇 살 많은 선배에게 물은 적이 있다. 철학과는 도대체 무얼 배우는 곳이냐고. 모든 학문의 정수라는 둥 세상과 삶을 이해하는 학문이라는 둥 남들이 하는 표현은 고등학교를 갓 졸업한 스무 살의 신입생에겐 그저 다른 세계의 말장난처럼 느껴졌기 때문이다. 그런 내게 선배는 대략 이런 조언을 해주었다. "삶이 아니라 죽은 이의 이론을 배우는 곳이다. (물론 사주도 안 배운다.) 취업이 어려우니 어떻게 하면 조금 더 좋은 학점을 받을지 고민해라. 그게 남는 거다." 뭐 이런 내용을 말이다.

마치 세상을 다 살아본 듯한 선배의 조언은 어렸던 내게 그리 타격감 있게 다가오지는 않았던 것 같다. 아니, 오히려 그 선배가 조금은 우스워 보였지, 아마. 솔직히 돌이켜보면 그 선배가 이런 말이라도 해줄 수 있지 않았나 싶었다. 그런 건 묻는 것이 아니라 스스로 찾아가야 한다든지, 정확한 답은 모르겠지만 어떤 책을 읽어보면 도움이 될 거라든지, 아니면 하다못해 자신이 이 치열한 현실 속에서 칼바람 맞아가며 얼마나 멋지게 살아가려 하는지 같은 것 말이다.

하지만 그 말이 꽤 정확했다는 걸 깨닫기까지는 몇 년이 걸리지 않았다. 대부분의 강의는 나와 다른 시대를 살아간 철학자들의 이론을 배우는 데 초점이 맞춰져 있었고, 시험 역시 얼마나 깊이 사고하는지가 아닌 얼마나 잘 암기했는지 혹은 교수님의 의견을 얼마나 잘 따라 썼는지에 초점이 맞춰져 있었다. 추가 점수를 얻고 좋은 학점을 받기 위해 동어반복에 가까운 질문과 대답을 반복하는 선배, 후배, 동기 사이에 앉아 있는 나를 발견하는 날도 많았다.

'논리적으로 멋진 이론을 배우고 외우면 뭐 하나, 어차피 쓸데도 없는데' 하며 먼 산 바라보거나 강의실 구석 책상에 엎드려 있길 몇 년. 그 사이 누군가는 대기업에 들어갔다며 기뻐했고, 또 다른 누군가는 나처럼 대학과 현실 바깥 어딘가를 부유했다.

●

혁명가,
철학의 사유를 딛고 서다

무기력하고 변명뿐이었던 대학 시절의 나와는 달리, 스스로 세운 철학으로 세상을 바꿔보려 한 사람이 있었다. 바로《자본론》의 저자이자 공산주의 혁명가인 카를 마르크스가 그 주인공이다.

당시 독일에서 경제적, 정치적으로 가장 진보한 도시였던 트리어에서 태어난 마르크스는 꽤 말썽꾸러기였던 것 같다. 시시

콜콜 동급생들에게 싸움을 거는가 하면, 학내에서 음주와 고성 방가를 저지르다 종종 학생 감옥에도 들어갔다니 말이다. 흥청 망청 돈을 쓰다가 빚을 지는 경우도 많았는데 이는 이른바 '혁명 가'가 된 뒤에도 마찬가지였다. 특히 동료이자 친구였던 프리드 리히 엥겔스는 그가 잡은 최고의 호구, 아니 물주였다. 어땠냐면 엥겔스 스스로 아버지 회사에서 돈을 빼돌려 마르크스에게 정기적으로 보내주었을 정도였다. 심지어 엥겔스는 이 행동을 저지른 뒤 "아버지가 사업으로 얻은 이윤의 절반이나 먹어치웠다"라며 마르크스에게 자랑하기도 했단다.

어찌 됐든 성인이 된 마르크스는 본 대학에 입학한다. 이곳에서 그리스 로마 신화를 포함한 인문학 분야를 공부한 뒤, 변호사였던 아버지의 뜻에 따라 베를린 대학 법학부로 자리를 옮겼다. 그는 이곳에서 법학 공부를 시도했지만, 비극을 경험하게 된다. 맞다, 철학에 빠지고 만 거다.

그가 특히 가장 큰 관심을 가졌던 이론은 당시 독일 학계에서 가장 큰 영향력을 행사했던 헤겔 철학이었다. 헤겔의 철학은 급진성과 보수성을 동시에 지니고 있다. 인간의 자유를 긍정하고 신을 부정했다는 측면에선 일면 급진적이지만, 원칙과 법률을 바탕으로 하는 질서를 강조했다는 점에서 보수적이기 때문이다. 그의 사상을 바탕으로 사회를 변혁시키고자 하는 사람들은 '청년 헤겔학파'의 일원이, 변혁보다는 사회 수호와 구조의 안정화를 만들어가고자 하는 이들은 '노장 헤겔학파'의 일원이 되었다.

물론 마르크스의 선택은 청년 헤겔학파였고 말이다.

●

행동, 실패
그리고 또 행동

마르크스는 대학에 남아 교수가 되고 싶었지만 목표를 이루지 못했다. 청년 헤겔학파가 당시 정부에 사회 전복 세력으로 지목된 탓에 구성원이었던 마르크스도 대학에 발붙이고 있기 어려웠기 때문이다. 결국 그는 언론인의 길을 택한다. 그는 급진적인 주장을 펼치던 〈라인 신문〉의 편집장으로 자신의 커리어를 시작했다. 그가 편집장을 맡자마자 판매 부수가 그야말로 하늘 높은 줄 모르고 치솟았다. 정부의 간섭을 두려워하지 않고 자신이 옳다고 생각하는 바를 거침없이 이야기했기 때문이다. 물론 이를 권력자들이 가만 놔둘 리 없다. 정부의 미움을 사는 바람에 그가 편집장을 맡은 지 1년 만에 신문 자체가 폐간되고 만 것이다.

실망한 마르크스는 독일을 떠나 프랑스로 향했다. 이곳에서 그는 프랑스 혁명 연구에 몰두하는 한편, 영국의 정치경제학을 공부하며 지적 지평을 넓혀갔다. 배운 게 도둑질이라고 언론사도 하나 차렸다. 〈독불 연보〉라는 잡지를 발간한 거다. 그러면서 그는 당시 유행 중이던 여러 사회주의 사상에 '공상적 사회주의'라는 명칭을 붙였다. 이는 자본주의의 문제를 지적하고 사회주의라는 미래를 그리고 있지만, 별다른 대안이 없다는 비판적 시각을 담은 표현이었다. 그리고 그는 자신의 사상을 '과학적 사회주의'라 명명한다. 엄밀한 분석과 논의를 바탕으로 사회주의를 현실로 만들겠다는 비전을 담았던 거다.

하지만 마르크스의 프랑스 생활도 오래가지 못했다. 이곳에서도 마르크스를 체제 전복을 꾀하는 위험 인사로 여겼기 때문이다. 결국 유럽의 여러 나라를 전전하던 그는 다시 한번 독일로 발걸음을 옮긴다. 프랑스에서 일어난 혁명의 기운이 독일에도 영향을 미쳤기 때문이다. 〈신라인 신문〉을 창간한 그는 혁명을 성공시키기 위해 발버둥 쳤지만, 결국 실패하고 만다.

마르크스의 종착지는 영국 런던이었다. 그는 곧 혁명이 다시 일어나 독일로 돌아갈 수 있을 거라고 생각했지만 세상은 그의 뜻대로 흘러가지 않았다. 결국 그는 영국 런던에서 눈을 감는다.

평생을 행동하는 철학자로 산 마르크스. 그는 다음과 같이 말한 바 있다.

"이제까지 철학자들은 세계를 다양하게 해석해왔을 뿐이다. 그러나 문제는 세계를 변화시키는 데 있다."

이제까지 사회의 모든 역사는
계급 투쟁의 역사다

마르크스는 대체 어떤 사상을 펼쳤을까? 그리고 어떤 과정을 거쳐 그 사상이 토대가 된 사회가 올 거라고 생각했을까? 그의 주장에 따르면 지금까지의 역사는 지배계급과 피지배계급 사이에 벌어진 갈등을 통해서 바뀌어왔다. 그리고 그 갈등의 근원은 '경제'에 있다.

마르크스는 근대의 지배계층, 즉 '부르주아'가 다음과 같은 과정을 거쳐 성장했다고 설명한다. 우선 중세의 피지배계급인 농노 중 일부가 근대의 시작과 함께 기회를 잡게 된다. 근대 경제의 변화는 세계화와 공업화로 대표된다. 아메리카 대륙의 발견과 아프리카 회항을 계기로 좀 더 넓은 범위의 시장이 마련되고, 넘쳐나는 수요를 증기와 기계를 이용한 대규모 공업이 해결할 수 있게 된 것이다. 물론 그 변화를 포착하고 기회를 잡은 사람은 부르주아가 되었고 말이다.

시장이 넓어진 만큼 지배계층의 영향력도 커진다. 심지어 국가 권력마저 이들 부르주아에게 예속될 정도였다. 마르크스는 다음과 같이 이야기한다.

"현대의 국가 권력은 부르주아의 공동 사업을 관장하는 위원회에 불가하다."

구글이나 애플, 메타 같은 글로벌 기업의 행태 그리고 국내 대기업의 이익에 따라 각종 정책이나 법이 좌지우지되는 모습을 보면 조금은 이해가 빠르지 않으려나.

피지배계층인 프롤레타리아는 어떻게 생겨날까? 마르크스는 기계 장치의 확대와 분업으로 인해 하층민은 물론 중간 신분과 소기업가, 상인, 수공업자, 농민 등 수많은 계층이 프롤레타리아로 전락한다고 생각했다. 프롤레타리아가 되어버린 이들에게 요구되는 건 "가장 단순하고 단조로우며 쉽게 배울 수 있는 손동작"에 불과하며, 노동시간은 증가하지만 "임금은 그 노동이 혐오스러워지는 정도만큼" 줄어든다. 맞다. 월급이 통장을 스치기만 하는 이유도, 아무리 일을 하고 돈을 벌어도 보람을 느끼기 힘든 이유도 바로 여기에 있다.

그럼 공산주의 사회는 도대체 어떤 이유로 오게 될까? 마르크스는 그 변화가 "소외라는 문제 인식과 현실 비판, 행동을 통한 이념과 현실의 화해"라는 변증법의 과정을 거쳐 찾아올 거라고 예상했다. 다시 말해, 과잉 생산으로 인한 상업 공황의 패턴이 반복되고, 이로 인해 고통받던 프롤레타리아 계급이 문제를 인식하며, 마침내 투쟁과 단결을 통해 승리를 쟁취한다는 것이다.

실패해도
의미는 사라지지 않는다

HBO에서 방영된 〈체르노빌〉은 1986년 4월에 발생한 체르노빌 원자력 발전소 사고를 다룬 실화 기반의 드라마이다. 체르노빌 사고가 발생한 지 약 4시간 뒤인 5시 20분. 발전소장인 빅토르 브류하노프는 집행 위원들을 모아 상황을 두 가지로 설명한다. 하나, 사고를 순조롭게 수습하고 있다. 둘, 소련의 원자력 사업은 주요한 국가 기밀이므로 사고로 인한 어떠한 역풍도 일어나서는 안 된다.

하지만 처자식과 함께 도시에 거주 중인 사람들이 이 이야기를 곧이곧대로 들을 리 없다. 이들은 밖에서 구토하는 사람들을 보았으며, 화상을 입은 사람들도 있었다고 말한다. '안전하다'라고 설명하는 사람들의 주장보다 상황이 좋지 않을 거라고 '합리적인' 의심을 하는 사람이 생긴 거다.

도시에 소개령을 내려야 한다는 주장에 양 진영의 언성이 높아지려는 찰나, 위원회의 한 원로가 일어나 다음과 같이 발언한다. "국가가 이곳 상황이 위험하지 않다고 했으니 믿음을 가지시오, 동무들. 국가가 동요를 막기를 원한다니 경청하시오. 사람들이 자기한테 별 도움도 안 되는 질문을 할 때면, 이런 말을 해주면 되오. 본인 노동에만 집중하고 국가 일은 국가에 맡기라고. 도시는 봉쇄합니다. 소개령은 없소. 전화도 차단하시오. 허위 정보의 확산을 막으시오."

열화와 같은 박수로 마무리된 이 회의 덕분에 소개령은 사건이 발생한 지 한참 뒤인 나흘 뒤에야 내려진다. 오염된 지역에서 소개가 모두 완료된 시점은 1986년 9월. 이미 수많은 사람이 방사능의 영향을 받은 뒤다.

마르크스의 이론을 현실화한 공산주의 사회는 성공했는가? 물론 실패했다. 마치 체르노빌 사고 현장처럼 처참하게 말이다. 사람들은 가난했고, 기술의 발전 속도는 더뎠으며, 토론과 소통은 사라졌다. 심지어 그들이 타파하고자 했던 빈부격차마저 존재했다.

그렇다고 마르크스와 그의 후예들이 했던 활동이 모두 잘못되었다거나 아무런 의미도 없었다는 이야기는 아니다. 누진세 부여와 아동의 공장 노동 폐지, 도농격차 해소를 위한 노력 등 그들이 주장한 변화 중 상당수가 지금 우리 사회에도 반영되어 자본주의가 가진 다양한 모순을 해결하고 있기 때문이다. 한 사람 혹은 여러 사람, 집단이 가지는 신념과 이를 반영한 행동은 어떤 형태로든 우리가 살아가는 세계에 영향을 미치게 되어 있다. 당신은 어떤 세상을 꿈꾸는가? 그리고 그 세상을 현실로 만들기 위해 어떤 '행동'을 하고 있는가?

공존

약한 존재들이
모였을 때의 힘

"사람들이 화합하면 하나가 되고,
하나가 되니 힘이 커지고, 힘이 커지니 강해지며,
강해지니 만물을 이긴다."

—

순자

어느 해의 선거가 진행되는 동안, 나는 한 유력 정당의 대표가 취한 전략이 꽤 그럴듯하게 느껴졌다. 당시 그는 40대, 아니 50대와 60대가 판치는 정치판에서 살아남은 몇 안 되는 30대 정치인이었는데, 당 대표가 되고 얼마 지나지 않은 시기에 치른 그 선거에 마치 젊은이(?)로서 보여줄 수 있는 자신의 패기(!)를 고스란히 전략에 담아낸 것처럼 보였다.

그가 설계한 전략은 복잡하지도, 거창하고 낡은 '주의' 따위에 매몰되지도 않은 방법이었다. 일종의 계산식에 따라 선거권자를 분류하고, 그중 더 큰 파이를 얻는 일에 주력하는 방식이었기 때문이다. 그는 모든 것을 쪼개고 계산했다. 성별에 따라 선거권자를 분할했으며, 세대를 나누어 표를 계산했고, 특정 지역과 국가에 대한 호불호를 갈라 그에 적합한 메시지를 내보냈다. 꽤 많은 사람이 생각했겠지만 여러 가지 이유로 실행에 옮기지 못했을 그 전략을 그는 과감히 실행해냈다.

그의 전략이 더 매력적으로 느껴진 이유는 그가 이끄는 정당이 결과적으로 '승리'했기 때문이다. 선거 결과를 눈앞에서 마주한 사람들은 그의 선거 전략에 관해 왈가왈부했다. 누군가는 그가 취한 전략이 더 큰 승리를 방해했다고 말했고, 또 다른 누군가는 특정 계층에 주력한 선거 방식이 장기적으로는 그의 정당에 불리한 구조를 만들 수밖에 없다고 이야기했다.

하지만 사실 그건 그가 취한 선거 전략의 '본질'을 이해하지 못한 발언이었다. 그가 그 전략을 사용한 건 그날의 '결과'를 얻기 위해서였다. 선거의 과정, 결과의 디테일은 중요하지 않았다. 1표라도 더 받아 승리하면 되는 거였고, 인구통계학적으로 불리한 상황이 되면 다시 새로운 계산을 통해 더 큰 파이를 얻으면 그만이었다. 아, 이 얼마나 합리적인 '전략'이란 말인가! '어쩔 수 없이' 신경 쓰지 못했던 사람들은 승리한 뒤에 더 세심하게 챙기면 되는 것뿐이었다.

문제는 결과가 나온 뒤의 행보에 있었다. 그가 선거 전과 다를 바 없이 행동했기 때문이다. 그는 또다시 쪼개고 나누어 전선을 만들었다. 포화의 희생자가 되는 쪽은 늘 작은 파이에 속한 사람들이었다. 그곳에는 여성이 있었으며, 장애인이 있었다. 사람들은 애써 봉합한 갈등이, 한참 만에 얻은 평화와 공존이 깨질지 모른다며 그의 행보를 우려하기도 했다. 하지만 그런 건 상관없었다. 민주주의 제도가 유지되는 한 선거는 계속될 거고, 소수자를 대변하는 실수를 저지르지 않는 한 그는 늘 승리할 터였기 때문이다.

대학 총장이 된
순자

중국 전국시대의 철학자 순자는 아마도 그의 '답'을 다르게 바라 봤을 것 같다. 순자는 공자, 맹자와 함께 고대 중국의 3대 유학자 로 꼽히는 인물이다. 맹자와 동시대를 살았으며, 법가의 대표적 인물인 한비자가 그의 제자였던 것으로 알려진다. 맹자가 성선 설(性善說)을 토대로 자신의 철학 체계를 세운 반면, 순자는 성악 설(性惡說)에 근거한 사상을 전개했다.

순자는 전국시대 조나라에서 태어났다. 어린 시절부터 뛰어난 모습을 보였는데, 특히 청소년기부터는 능력을 크게 인정받아 당대 학술 문화의 중심지였던 제나라 수도 임치에 유학을 가게 됐다. 참고로 임치에는 직하(稷下)라는 유명한 교육기관이 있었 으며, 이곳에는 유가, 도가, 묵가, 명가, 법가 등 다양한 학파의 사 람들이 모여 있었다고 한다.

제나라가 주변의 여러 나라로부터 공격을 받기 시작하자 직 하도 무사하지 못했고, 학자들은 전쟁을 피해 사방으로 흩어졌 다. 순자 역시 이때 잠시 피난을 갔지만, 얼마 뒤 다시 직하로 돌 아간다. 이미 원로 대우를 받고 있었던 순자는 이후 제주(祭酒)라 는 벼슬을 10년간 세 번이나 지냈다. 참고로 제주란 제사의 책임 자이자 학문의 최고 권위자를 일컫는 말이다. 요즘으로 치면 서울대 총장쯤 되는 셈이다.

순자는 50대가 되어 초나라로 떠나게 되었다. 당시 초나라의 재상이었던 춘신군이 순자를 난릉 지방의 현령(縣令)으로 등용했던 거다. 하지만 얼마 뒤, 한 사람이 춘신군 앞에서 순자를 모함한다. 소식을 전해 들은 순자는 즉시 벼슬을 버리고 자신의 고향으로 돌아간다. 충신과 간신조차 구분하지 못하는 재상의 무능함을 비웃으며 말이다.

이를 뒤늦게 안 춘신군은 재차 그를 모시고자 노력했다. 순자는 이를 여러 차례 거절했는데, 꾸준히 이어지는 요청을 차마 거절하지 못하고 다시 난릉 지방으로 돌아갔다. 하지만 얼마 뒤 초나라에서 정변이 일어났고, 춘신군마저 복병에게 살해되고 만다. 그의 지지를 받던 순자 역시 직을 물러날 수밖에 없었다. 이후 정치에 뜻을 접은 그는 난릉에 정착하여 살다 그곳에 묻힌다.

●

인간은 악하다,
그러므로 단결한다

순자는 성선설을 주장한 맹자와는 정반대의 입장을 가지고 자신의 철학 체계를 세웠다. 성악설, 즉 인간의 본성은 악하다는 주장을 한 거다. 그는 사람을 본성 그대로 두면 자신의 이익만 구하고, 서로 질투하며, 듣기 좋은 소리나 보기 좋은 것만 즐기게 된다고 보았다. 그는 우리의 모습을 그 근거로 들었다. 인간의 성품이 아직 교화되지 않았다는 것만 보더라도 인간의 본성이 선할리 없다는 얘기다. 그는 우리의 악한 성품으로 인해 사회가 서로가진 것을 빼앗고 다투는 무법천지 공간으로 돌변할 수도 있다고 생각했다.

그렇다면 인간은 어떻게 선해질 수 있을까? 더불어 사람의 본성이 악하다면 어디서 '선함'이 나타나는 걸까? 순자는 다음과 같이 주장한다. 우선 그는 인간이 무리를 벗어나서 살 수 없다고 말한다. 더 나은 삶을 살기 위해서는 협동하고 서로 도움을 주고받는 행위가 필수이기 때문이다. 또한 나약한 인간이 다른 생물에 지지 않으려면 단결이 필수이다. 그는 이렇게 말한다.

"사람의 힘은 소와 같지 못하고 달리기는 말과 같지 못하나 사람이 소와 말을 부리는 것은 무엇 때문인가? 가로되, 사람은 무리를 이룰 수 있으나 저들은 무리를 이룰 수 없기 때문이다. (⋯) 사람들이 화합하니 하나가 되며, 하나가 되니 힘이 커지고, 힘이 커지니 강해지며, 강해지니 만물을 이긴다."

그는 이러한 이유로 인간은 사회적으로 살아갈 수밖에 없으며, 사회 질서의 유지를 위해 그 나름의 규범을 세워간다고 보았다. 인간의 끝없는 욕심과 반대로, 재화는 늘 한정되어 있기 때문이다. 그 규범을 순자는 예(禮)라고 불렀다. 순자에 따르면 예는 학습을 통해 후천적으로 갖출 수 있다. 즉, 누구나 원한다면 성인이 될 수 있다는 이야기이다.

●

누구나
군자가 될 수 있다

순자는 예를 갖춘 사람을 군자(君子)라고 불렀다. 군자는 다음과 같은 특징을 가지고 있다.

첫째, 군자는 세상의 다양한 이치를 배우고 깨닫는 것을 즐거워한다.

둘째, 군자는 음탕한 소리를 듣지 않고, 요사스러운 장면을 보지 않으며, 악한 말을 내뱉지 않는다.

셋째, 군자는 사람을 차별하지 않으며, 누구나 다가올 수 있도록 한다. 하지만 허튼소리를 내뱉는 사람까지 다가오도록 두지는 않는다.

넷째, 군자는 근심과 재난을 항상 두려워하지만, 의로운 죽음은 결코 마다하지 않는다. 또한 자신의 이익을 위해 그릇된 짓을 하지 않는다.

다섯째, 군자는 마음을 열어 누구와도 친밀하게 지내지만, 끼

리끼리 몰려다니며 자기 이익만 도모하지 않는다.

여섯째, 군자는 능숙함과는 관계없이 옳은 일만 한다.

일곱째, 군자는 주변 환경과 상황에 따라 이리저리 흔들리지 않는다.

여덟째, 군자 중에서도 지혜로운 사람은 세상의 온갖 이치에 통달하고, 지혜가 부족한 사람은 단정하고 진실하게 행동하며 정해진 법도를 지킨다.

아홉째, 군자는 때를 잘 만나 나랏일을 하게 되면 공손하게 그 자리를 지키며, 때를 만나지 못하더라도 타인이나 세상을 원망하지 않는다.

더불어 순자는 하늘을 자연적인 대상으로 파악했다. 우러러보아야 할 대상으로 생각했던 이전 혹은 동시대의 사상가들과 크게 다른 입장을 취했던 거다. 순자는 밤낮이 바뀌고, 사계절이 순환하는 과정 역시 자연법칙에 따른 움직임이라고 보았다. 또한 사람이 반드시 하늘을 정복해야 한다는 인정승천(人定勝天)을 말하기도 했다. 인정승천이란 후천적인 노력을 통해 하늘의 뜻이나 운명을 극복할 수 있다는 의미이다. 그 때문에 우리는 그를 흔히 유가의 '현실주의자'라고 부른다.

인간은 약하다,
그러므로 단결해야 한다

사회는 늘 불합리하며 불공평한 형태로 돌아갈 수밖에 없다. 순
자의 말처럼 인간의 욕심은 끝이 없고, 그 욕심을 채워줄 자원과
재화는 한정되어 있기 때문이다. 이런 세상에서 누군가가 굳이
손해를 봐야 한다면 손해 보는 쪽은 늘 소수 혹은 약자에 속하는
사람들이다. 그들이 가진 것을 빼앗기 위해 굳이 '갈라치기'할 필
요도 없다. 한 줌 가진 것조차 빼앗으려 그들을 노려보는 사람들
은 늘 세상에 가득하기 때문이다. 내가 가진 것을 빼앗기지 않기
위해서 해야 할 일은 오직 하나다. 할 수 있는 한 다수 그룹에 속
해 있는 것 말이다. 만약 단 하나라도 소수 그룹에 속하게 되는
날이면, 최소한 나는 그 그룹에 속한 만큼의 대가를 치러야 할
것이다.

하지만 문제는 어떤 그룹에 속해 있을지 스스로 모두 결정할
수는 없다는 데 있다. 이미 소수의 성별, 소수의 성정체성, 소수
의 신체적 특징을 가지고 태어났을 수도 있으며, 설령 그렇지 않
더라도 세상을 살아가며 나의 지위와 상황, 처지가 끊임없이 변
화할 것이기 때문이다. 불의의 사고를 당해 하루아침에 장애를
얻을 수도 있고, '늙음'이라는 자연스러운 과정을 거쳐 소수에 속
할 수도 있다. 다시 말해, 인간은 '악'하기 전에 언제라도 '약'해질

수 있는 존재라는 얘기다.

약한 존재이기에, 이 세상을 살아가는 우리에게 주어진 가장 합리적인 선택지는 '공존'이다. 무리를 지어 살아가는 것, 서로 기대어 살아가는 것 말이다. 다만, 순자의 시대와는 상대해야 할 대상이 조금 달라졌을지도 모르겠다. 바로 자신을 '강자'라고 생각하며 수많은 소수와 약자를 위험에 빠뜨리려는 사람들 말이다. 기억하자. 인간이 화합하면 하나가 되고, 하나가 되면 힘이 커지고, 힘이 커지면 강해지며, 강해지면 몰상식과 편견, 배척을 이길 수 있다. 이게 어쩌면 순자가 진짜로 말하고자 한 이야기인지도 모른다.

4.

우리
안의

기준이
흔들릴 때

언어

정말 잘 알아서
하는 말인가

**"말할 수 없는 것에 관해서는
침묵해야만 한다."**

—

비트겐슈타인

우리가 마주하는 문제는 대부분 책임지지 못하는 것에 관해 무책임하게 말하는 것에서 시작된다. 영원히 사랑하겠다는 연인의 속삭임부터 "조만간 술 한잔 하자"라는 말 뒤에 이어지는 친구의 부탁, 누구에게나 평등한 세상을 만들겠다는 정치인의 공약까지. 그럴듯한 표정과 계산된 언어로 발화되는 이들의 말은 때로는 칼이 되고 때로는 독이 되어 반드시 누군가에게 상처를 주게 마련이다.

문제는 그 사실을 알고 있는 우리 역시 끊임없이 모르는 것을 말하도록 요구받는다는 데 있다. 매일 새로운 이슈가 생성되고, 이에 대해 알지 못하는 이들끼리 실시간으로 맞부딪치는 SNS 피드를 떠올려보라. 우리는 주워들은 소문과 사실 확인조차 되지 않은 가짜뉴스를 근거로 매 순간 서로를 찌르고, 손가락질하며, 상처 주는 것이 일상인 세계를 살아가는 중이다.

오프라인이라고 상황이 바뀌는 것은 아니다. 비극은 학교에서부터 시작된다. 알지 못하는 것을 설명하기를 요구받으며, 이해하기조차 어려운 이 세계를 끊임없이 전망하는 것이 21세기를 살아가는 현대인의 올바른 자세라 교육받는다. 직장과 사회에 나온 순간 그 기술을 더 다듬고 연마해야 한다는 사실을 가장 절실하게 깨닫는 사람은 바로 '나 자신'이다. 자신의 성과와 경력을 얼마나 잘 포장하는지, 자신과 자신이 종사하는 분야의 비전을 얼마나 그럴듯하게 전망하는지에 따라 자신의 '몸값'이 수없이 오르내린다는 사실을 알게 되었기 때문이다. "아는 것을 안다고, 모르는 것을 모른다고 말하라(知之爲知之, 不知爲不知,《논어》위정 제17장)"라는 어느 철학자의 조언은 그저 세상 모르는 철부지의 어리광처럼 느껴질 뿐이다.

우리는 문득 궁금해한다. 현실적인 손해를 감수하면서까지 '말할 수 없는 것에 대해 침묵해야만 하는가'라고 말이다. '침묵은 금'인가, 아니면 그저 말하지 못하게 나를 옥죄는 지난날의 격언일 뿐인가?

●

철학자가 된
금수저

모두에게 적용되는 것은 아니지만, 훌륭한 철학자가 되기 위해 갖춰야 할 조건이 두 가지 정도 있는 것 같다. 우선 첫째는 잘살아야 한다는 것. 플라톤은 명문가의 자제였으며, 아리스토텔레스는 대대로 의사 집안에서 태어났다지, 아마. 데카르트의 아버지는 법률가였으며, 쇼펜하우어의 아버지는 당대 손꼽힐 정도로 성공한 상인이었다. 우리의 기대와 달리, 돈과는 가장 거리가 멀어 보이는 철학 분야도 개천에서 용 나는 일은 그리 쉽지 않았던 거다.

물론 돈이 많다고 모두 훌륭한 철학자가 되었던 건 아니다. 부모 혹은 자신의 재력은 깊이 사유할 '시간'을 줄 뿐이지 생각 자체를 제공하는 것은 아니니까. 그러므로 둘째 조건이 필요하다. 바로 남의 말 듣지 않고 제 뜻대로 사는 것. 의사의 아들이 의사가, 변호사의 아들이 변호사가 되는 건 요즘에도 흔히 있는 일이다. 어려서부터 알게 모르게 이어졌을 부모와 가족, 친척의 기대를 저버리고(?) 철학의 길을 걷는 건 결코 쉬운 일이 아니다.

이번에 만날 철학자 루트비히 비트겐슈타인이야말로 이런 철학자의 전형을 두루 갖춘 인물이라고 하겠다. 그는 1889년 빈에서 태어났다. 그의 아버지는 오스트리아 헝가리 제국에서 이른바 '철강왕'이라 불릴 정도로 부유한 인물이었다고 한다. 그의 가족은 모두 예술을 사랑했다. 음악적 재능이 뛰어난 사람이 많았고, 오귀스트 로댕이나 구스타프 클림트 같은 당대 예술가들을 후원하기도 했다.

비트겐슈타인은 8남매 중 막내로 태어났다. 어린 시절 형, 누나 들의 영향을 받아 교향악 지휘자를 꿈꾸기도 했다. 하지만 당시 모차르트의 재림이라는 칭송을 들었던 첫째 형 한스나 제1차 세계대전 참전 중 오른팔을 잃고도 피아노를 연주하며 명성을 얻은 넷째 형 파울에 비해 자신의 재능이 다소 떨어진다고 느꼈

던 듯하다. 결국 청소년 시절 아버지의 권유로 린츠 국립실업고
등학교에 편입하며 공학을 공부하게 되었으니 말이다.

비트겐슈타인은 공학에도 남다른 자질을 보였다. 1908년 맨
체스터 빅토리아 대학교에서 항공과 관련한 논문으로 공학박사
학위를 받은 뒤, 대기권 상층에 연을 띄우는 연구를 하거나 제트
엔진에 대한 특허를 출원하기도 했으니 말이다. 하지만 그가 관
심을 가진 것은 공학보다는 수학이었다. 특히 이 시기 영국의 철
학자인 버트런드 러셀의 책 《수학의 원리》를 읽고 수리철학의
세계에 발을 딛게 된다.

이후 비트겐슈타인은 러셀과 서신을 주고받던 1911년 여름
부터 그의 강의에 출석하기 시작했다. 자극을 받은 것은 되려 러
셀이었다. 비트겐슈타인을 후계자로 생각했지만, 도리어 그에게
비판받거나 자신이 풀지 못한 철학적 난제를 그가 해결하는 모
습과 마주했던 거다. 훗날 러셀은 자신의 회고록에서 비트겐슈
타인을 "천재의 완벽한 전형"이었다고 추켜세웠다.

비트겐슈타인은 이후 케임브리지 대학에서 경제학자 케인즈,
논리학자 존슨, 철학자 무어 등 당대 최고의 석학들과 교류하며
공부했다. 하지만 그는 약 3년 만에 케임브리지를 떠나기로 결
심한다. 그가 느끼기에 대학 연구자들이 심오한 생각이나 집요
한 탐구 없이 그저 자신의 영리함을 뽐내는 데에만 혈안이 돼 있
어 보였기 때문이다.

얼마 뒤, 제1차 세계대전이 발발하자 비트겐슈타인은 오스트

리아군에 자원해 전장으로 향한다. 그는 이곳에서 자신의 체험을 일기로 남긴 것은 물론, 기존에 자신이 관심 두던 여러 철학적 사고들을 발전시켜나가기 시작했다. 특히 그가 이탈리아군의 포로가 되어 수감생활을 한 10여 개월의 기간은 철학사에 있어서도 매우 중요한 시간이었다. 비트겐슈타인 전기 철학의 대표작이라 불리는 《논리철학논고》가 이곳에서 완성되었기 때문이다. 그는 석방 후 이 원고를 러셀에게 보내고 철학계를 홀연히 떠나버린다. 그 원고가 철학의 모든 문제를 해소했다고 믿었기 때문이다.

언어는 마치
그림과 같다

대체 어떤 책을 썼기에 비트겐슈타인은 자신이 철학의 모든 문제를 해소했다는 자신감에 넘쳤을까? 그는 《논리철학논고》에서 언어가 세계에 대한 그림과 같다는 주장을 펼친다. 이른바 '그림 이론'이다. 그는 어느 날 교통사고를 다루는 프랑스의 재판에 장난감 자동차와 인형이 사용되었다는 소식을 들은 뒤 이 이론을 떠올리게 되었다. 사람들이 실제가 아닌 모형을 보고 사건을 설명하고, 상상할 수 있었던 이유는 무엇일까? 바로 설명을 위해 사용된 모형들이 실제 대상, 즉 사람과 사물에 대응했기 때문이다. 그는 언어가 이런 모형과 같다고 생각했다. 언어가 세계와 대응한다고 본 것이다. 그는 언어는 '명제'로, 세계는 '사태'로 구성되어 있다고 설명한다. 이 둘은 서로 짝지어져 있으며, 그러므로 언어와 세계의 구조는 논리적으로 동일하다. 즉, 비트겐슈타인은 언어가 세계를 마치 그림처럼 묘사하기 때문에 의미를 지닌다고 보았던 것이다.

여기서 '사태'란 '사실이 될 수 있는 가능성'을 말한다. 만약 그 사태가 실제로 일어나면 이를 설명한 언어, 즉 명제는 '참'이 되며, 일어나지 않는다면 '거짓'이 된다. 비트겐슈타인이 문제 삼은 것은 참도 거짓도 될 수 없는 문장들이었다. 이런 문장에는 크게 두 종류가 있다. 우선 무의미한(meaningless) 문장이다. "내일은 비가 오거나 오지 않는다"를 예로 들 수 있다. 내일은 분명 비가 오거나 오지 않을 것이므로 이 문장은 참이 될 수밖에 없다. 하지만 세계와의 비교를 통해 참 또는 거짓을 결정하게 되는 명제들과는 달리, 이 문장은 세계와 비교하지 않고도 참임을 알 수 있다. 하나 마나 한 말인 것이다.

더 큰 문제는 형이상학, 윤리학, 종교, 예술 등을 설명하고자 할 때 생긴다. "나는 누구인가?" "인간은 살인해서는 안 된다" "신은 존재한다" "모나리자는 아름답다" 같은 문장들이 대표적이다. 이런 문장들은 언어의 한계를 뛰어넘어 세계 밖에 존재한다. 이런 것들을 말하려는 순간 우리는 필연적으로 오류를 범한다. 헛소리(nonsense)를 하게 되는 것이다. 그는 다음과 같이 말한다.

"철학자들이 인생을 바쳐 탐구한 그런 물음과 명제는 사실상 언어의 논리를 제대로 이해하지 못한 데서 비롯된 것이다. 그렇기에 그들이 생각하는 가장 심오한 문제들이 실제로는 아무 문제도 아니라는 것은 놀랄 만한 일이 아니다."

그리고 비트겐슈타인은 다음과 같이 결론 내린다.

"말할 수 없는 것에 대해서는 침묵해야 한다. 단지 그것들은 보여질 수 있을 뿐이다."

즉, 그가 철학의 문제를 모두 해소했다고 생각한 이유는 그 자신이 철학의 난제를 모두 해결했다거나 사실을 확인했기 때문이 아니라 그 문제들을 두고 골머리 썩이거나 그 나름의 논리를 세우는 것이 무의미하다는 결론을 내렸기 때문이다.

●

철학자,
돌아오다

철학계를 은퇴한 비트겐슈타인은 이후 초등학교 교사가 되기로 결심했다. 하지만 똑똑함과는 별개로, 그는 교사가 되기에 그리 적합하지 않은 인물이었다. 마치 차범근이나 선동열 같은 천재

선수들이 막상 감독이 되면 명지도자가 되지 못하는 것과 비슷하달까. 괴팍한 성격 탓에 동료 교사들과 싸우는 일이 셀 수 없이 많았고, 열정을 못 이겨 과한 체벌을 하는 경우도 잦았다. 결국 그의 짧은 교사 생활은 수업 중 체벌한 학생이 쓰러지는 사건으로 막을 내린다.

물론 방황은 오래가지 않았다. 자신의 책 《논리철학논고》에 담긴 결함을 깨달았기 때문이다. 그가 이탈리아 출신의 경제학자 피에로 스라파와 토론하던 날의 일이다. 비트겐슈타인의 이론에 스라파가 반론하며 손가락 끝으로 목 부분을 밀어올리는 제스처를 취했다. 이는 이탈리아에서 의문 또는 조소를 뜻하는 행동이었는데 그 순간 비트겐슈타인은 깨달았다. 자신이 《논리철학논고》에서 주장한 것과 달리, 일상생활의 언어는 한 가지 의미로 고착되어 사용되지 않는 경우가 많다는 사실을 말이다.

그는 언어의 본질이 세계를 묘사하는 데 있다고 주장했던 기존의 주장을 철회했다. 그리고 나아가 '본질'이라고 부를 만한 공통적인 성질도 없다고 주장한다. 그는 여기에는 단지 '가족 유사성'만이 존재한다고 말한다. 가족 유사성이란 이를테면 구성원 사이에 존재하는 '유사한 성질'을 일컫는 말이다. 가령 엄마와 아빠, 나, 동생이 있다고 예를 들어보자. 나는 엄마와 입과 코가, 아빠와는 웃음소리가 닮았다. 동생은 엄마와 찡그릴 때의 표정이 닮았고, 나와 동생은 말투가 비슷하다. 이런 식으로 나열하다 보면 우리는 네 명 모두가 공통적으로 닮은 구석은 별로 없지만,

서로 교차해서 닮은 점이 있다는 사실을 깨닫게 된다. 이런 공통점들로 인해 네 사람을 하나의 가족으로 인식할 수 있게 되고 말이다.

이 시기부터 비트겐슈타인은 언어를 일종의 '놀이'로 규정했다. 언어가 인간의 사용에 따라 변화되고 달리 규정될 수 있다고 보았던 거다. 더불어 그는 전통적인 철학의 문제 중 상당수가 이런 언어의 특징을 제대로 이해하지 못해서 생겨났다고 설명한다. 그러므로 철학적 문제에 올바르게 접근하기 위해 우리는 일상의 언어가 삶 속에서 드러나는 다양한 용법을 받아들이려고 노력해야 한다. 다양한 언어놀이에 참여함으로써 단어와 문장들의 의미가 어떻게 생겨나고 사용되는지 직접 알아보아야 한다는 것이다.

하지만 그는 자신의 이런 변화된 입장을 담은 책,《철학적 탐구》를 끝내 출판하지 않았다. 지나친 완벽주의 탓이었다. 오늘날 우리가 볼 수 있는 책은 비트겐슈타인 사후에 남겨진 초고를 모아 만든 것이다.

무엇을
말하지 않아야 하는가

앞서 살펴본 것처럼 비트겐슈타인 명제에 담긴 '말할 수 없는 것'은 종교, 형이상학, 윤리학, 예술 등을 지칭하는 말이다. 비트 겐슈타인은 이러한 분야들은 말로 규정하거나 정의하는 것이 불가능하다고 생각했다. 논리의 영역을 벗어난, '신비의 영역'이라 보았기 때문이다.

반면 현실에서 마주하는 "말할 수 없는 것은 이야기하지 말아야 하는가" 하는 문제는 논리학보다는 윤리학의 영역에 더 가깝다. 끊임없이 자신의 존재와 가치를 증명해야 하는 시대에 모르는 것을 안다고 말하고 싶은 욕구가 시시각각 우리의 문을 두드리고 있기 때문이다. 더욱이 그 시대가 어느 때보다 쉽게 타인의 자료와 생각을 검색하고 열람할 수 있는 '초연결시대'라면 더더욱 말이다.

타인의 지식, 그것도 파편화된 정보만 가지고 특정한 문제 혹은 세계 전부를 다 알고 있는 듯한 태도를 취하는 것은 위험하다. 마치 자신이 모든 문제를 이해하고, 해결한 것만 같은 착각에 빠져 결국에는 앎과 모름의 영역을 구분조차 하지 못하게 되기 때문이다. 확인할 수 없는 혐오와 분열, 배제의 목소리를 실어 나르는 행동 또한 마찬가지이다. 자신의 편협한 사고를 과시하고 아는 체하기 위해 인간성을 무너뜨리고 대립을 심화시키는 역할을 할 뿐이기 때문이다.

당신이 아는 것은 무엇인가? 지금 당신이 이야기하고 싶은 것은 당신이 정말 "안다"라고 말할 수 있는 문제인가? 어쩌면 앎을 증명하는 것보다 더 중요한 것은 끊임없는 의심과 노력을 통해 더 정확히 알아가는 '과정'일지도 모른다.

무엇이 옳고
그른가에 대하여

"내가 바라지 않는 일을
남에게 하지 말아야 한다."
—

공자

세상이 빠르게 변하고 점점 더 복잡해지면서 알게 되는 것이 하나 있다. 바로 "무엇이 옳고 그른지 판단하기가 어렵다"라는 거다. SNS를 켜고 이슈가 되는 사안을 살피다 보면 하루에도 수십 번씩 판단이 바뀐다. 저쪽의 입장을 듣다 보면 저쪽 말이 맞는 것 같다가도, 이쪽의 해명문을 살펴보면 '아니, 저쪽이 굳이 그럴 필요까지 있었나' 싶은 거다. 다시 저쪽의 반박문이 나오면 '맞아, 이놈이 잘못했어'라며 손가락질하고, 또다시 이쪽의 이야기를 들어보면 '아, 그래 그것도 맞는 얘기긴 해' 하는 판단 번복의 반복 또 반복.

오프라인으로 전장(戰場)이 바뀐다고 상황이 달라지는 것도 아니다. 대표적인 예가 직장 내 세대 갈등이다. 우선 경영진이 된 사람들은 "요즘 젊은 사람들은" 하며 혀부터 끌끌 찬다. 도전 정신도 부족하고, 협력할 줄도 모르고, 자기 자신만 생각하는 세대라는 거다. 이들의 이야기를 듣다 보면 (아직까지는) 젊은 축에 속하는 내 생활을 돌아보거나 반성하게 될 때가 있다.

반대로 젊은 사람들의 말을 듣다 보면 윗사람들의 이런 잣대가 너무 가혹하다거나, 그릇된 편견에 가깝다는 생각이 어쩔 수 없이 든다. 당연히 지켜져야 할 원칙과 규칙은 '조직'이라는 이름 아래 무시되기 일쑤이고, 시대의 변화를 감지하지 못한 채 무턱 대고 이전 세대의 성공방식만 강요하는 경우가 많다. 이야기를 듣다 보면 어느새 나도 모르게 "어휴, 저 꼰대들" 하며 손가락질을 하고 있달까.

이런 격변의 시기를 지나다 보면, 어느 순간 우리는 깨닫게 된다. 옳고 그름에 대한 우리의 판단이 얼마나 연약하고 갈대 같은지 말이다. 비슷한 문제라도 시기나 접하는 정보에 따라 판단이 달라지는 것은 물론이며, 시시각각 생각이 바뀌기도 하는 줏대 없는 인간이 바로 '나'이기 때문이다. 정확한 판단이 어려운 시대, 우리는 대체 무엇을 기준 삼아 생각해야 할까?

●

현실에 굴하지 않았던
공자

공자는 기원전 551년 중국의 노(魯)나라에서 태어났다. 원래 그의 이름은 언덕을 뜻하는 구(丘)이며, 이는 그가 태어났을 당시 머리 위쪽이 오목하게 들어가 있었기 때문에 붙은 이름이다. 공자의 아버지인 숙량흘은 하급 귀족 무사 출신이었다. 그는 안씨의 딸 징재와 야합(野合)하여 공자를 낳았다고 알려진다. 여기서 야합이란 예에 맞지 않는, 그러니까 비정상적인 결합을 의미한다. 딸만 내리 아홉을 얻은 숙량흘이 건강한 아들을 원하는 바람에 54세나 어린 안징재와 결혼 없이 낳은 아이가 바로 공자였기 때문이다.

그러나 숙량흘은 공자가 세 살 되던 해에 사망한다. 공자는 이후 어머니 손에 자라게 되었다. 그의 어머니는 숙량흘을 공자의 할아버지가 살던 곳에 장사 지내고, 이후에도 계절에 따라 정성껏 제사 지냈다. 이를 지켜보며 자란 공자가 영향을 받은 것은 두말할 나위가 없다. 그는 동네 친구들과 제사를 지내는 흉내를 내며 어린 시절을 보낸다.

공자는 17세 되는 해에 어머니를 여윈 뒤, 19세에 송나라 출신 여인과 혼인했다. 그는 가난했지만 현실에 굴하지 않았다. 창고지기와 축사지기를 병행하며, 주나라의 관제와 예법을 꾸준히 공부했던 거다. 예(禮) 전문가로 차츰 이름을 알린 그는 작은 벼슬을 얻게 되었고, 53세에는 오늘날의 법무부 장관에 해당하는 대사구(大司寇)의 위치에 오른다. 대사구가 된 그는 꽤 큰 공을 여러 번 세웠다. 장례를 치를 때 시중들던 사람을 함께 묻는 풍습, 즉 순장을 폐지하기도 했고, 제나라와의 회담에서 의례를 맡아 피 한 방울 흘리지 않고 빼앗긴 땅을 돌려받기도 했다.

정치와 교육의
혁명가

하지만 공자는 얼마 뒤 관직을 그만둔다. 왕의 무능함에 대한 실
망과 공자를 시기하던 반대파의 모략이 더해진 결과였다. 사임
후 그는 10년 넘게 여러 나라를 돌아다니며 자신의 뜻을 펼쳐보
고자 애썼다. 하지만 때는 어짊과 도덕, 예의보다는 부국강병이
중시되던 춘추전국시대였다. 공자는 결국 자신의 목표가 당장
의 현실에서 실현되기 어려움을 깨닫고, 자신의 고향으로 돌아
간다.

이후 공자는 제자를 모아 예(禮), 악(樂), 사(射), 어(御), 서(書),
수(數)의 육예(六藝)를 가르쳤다. 이는 각각 예법, 음악, 활쏘기,
말 타기, 붓글씨, 수학을 일컫는 말로 공자 이전에는 대부분 귀족
출신의 자제들만 교육받을 수 있는 것들이었다. 공자는 "가르침
에서는 차별을 두지 않는다"라는 자신의 신념을 바탕으로 출신
성분이나 신분의 높고 낮음을 따지지 않고 제자를 받아들인 일
종의 '교육혁명가'였던 거다.

이런 일은 공자 개인의 뛰어남과 동시에 그가 살던 시대의 변
화 때문에 가능했다. 이 시기는 기술의 발전으로 농업 생산량이
빠르게 늘어났고, 제철업과 제염업, 상업 등 여러 분야에 걸쳐 상
업이 발달한 시기였다. 부가 늘어났다고 마냥 좋은 일만 있었던

것은 아니다. 이로 인해 수많은 나라가 생겨났고, 이들 국가가 충돌하며 혼란이 가중된 시기이기도 했기 때문이다. 지도자들은 자신의 세력을 넓히고 영향력을 확장하기 위해 유능한 인재를 발굴하고자 했다. 당연히 공자와 그의 제자들은 당대 지도자들의 주목을 받을 수밖에 없었고 말이다.

어찌 됐든 후학 양성과 집필에 힘쓰던 그는 기원전 479년경 삶을 마감했다. 그와 그가 남긴 사상은 이후 2,000년 넘는 세월 동안 중국을 비롯한 한자 문화권 국가들에 지대한 영향력을 미치게 되었다.

●

행동의 기반은
'남을 사랑하는 마음'이다

공자는 흔히 석가모니, 예수, 소크라테스와 함께 '4대 성인'으로 불리는 인물이다. 석가모니는 자비를, 예수는 사랑을, 소크라테스는 진리를 강조한 반면, 공자는 인(仁)과 의(義)를 강조했다.

인과 의란 대체 무엇일까? 우선 의란 보상을 바라지 않는 행위를 말한다. 우리는 가정과 직장, 사회에서 각자 맡은 역할이 있다. 공자가 생각하기에 이것은 그 자체가 목적이며, 마땅히 해야 하는 것들이다. 그런데 우리가 다른 목적을 위해 이런 행동을 하면 어떻게 될까? 가령 재산을 물려받기 위해 부모님께 잘 한다거나, 좋은 평가를 받기 위해 상사에게 잘 보이려 한다면 말이다. 이런 행동은 단기적으로는 자신에게 도움이 될지 몰라도, 장기적인 관점으로 본다면 탈이 날 행동임이 분명하다. 그건 결국 자신의 이익만 생각한 행동이기 때문이다.

더불어 인은 의가 행해지는 기반을 설명하는 말이다. 우리가 가정과 조직 혹은 사회를 위해 '마땅히' 해야 할 일이 있다면, 이는 대체 무엇을 기반으로 할까? 공자는 남을 사랑하는 것, 즉 인이야말로 의를 실천하게 만드는 본질에 해당한다고 보았다. 물론 인을 이루기 위해서는 끊임없는 노력이 필요하다. 그는 이 과정을 자신이 경험한 바를 토대로 다음과 같이 이야기했다.

"나는 열다섯 살에 학문에 뜻을 두었고, 서른 살에 세계관을 확립하였으며, 마흔 살에는 미혹됨이 없게 되었고, 쉰 살에는 하늘의 뜻을 알게 되었으며, 예순 살에는 무슨 일이든 듣는 대로 순조롭게 이해했고, 일흔 살에는 마음 가는 대로 따라 해도 법도에 어긋나지 않았다."

●

하고 싶지 않은 일을
시키지 말라

인을 실천하기 위해선 어떻게 해야 할까? 의외로 방법은 간단하다. 바로 '기소불욕 물시어인(己所不欲 勿施於人)' 하는 것이다. 이는 다음과 같이 풀이할 수 있다.

"자기가 바라지 않는 일을 남에게도 하지 말아야 한다."

죽고 싶지 않으면 죽이지 말고, 맞고 싶지 않으면 때리지 말고, 빼앗기기 싫으면 빼앗지 말라는 것. 공자는 이것이 사람과 사람이 부대끼며 함께 살아가기 위한 '최소한의 원칙'이라고 생각했다.

이 말을 들은 누군가는 이렇게 생각할 수도 있을 것 같다. '맞는 말이긴 한데, 이걸로 충분한가?' 더 좋은 세상을 만들려면 왠지 이것만으로는 부족해 보인다. 최소한 좋은 게 있으면 멀리멀리 소문도 내고, 주변 사람들에게 막 해주기도 하는 게 옳은 행동일 것 같다는 말이다. 도대체 왜 공자는 네가 좋아하는 것을 남에게도 해주라고 이야기하지 않고, 그저 "싫어하는 것을 하지 말라"라고 한 걸까?

아마도 그는 이렇게 대답할 거다. "사람 마음이 전부 다르기 때문"이라고 말이다. 내가 좋아하는 것을 상대방도 좋아하리라는 기대는 대부분 '착각'에 불과하다. 생각해보라. 우리가 그동안 나와 가장 가까운 가족과 친구, 연인과 함께하는 순간에도 다른 점을 얼마나 많이 마주해왔는지 말이다. 고기를 좋아하는 나와 채소를 좋아하는 누나, 산을 좋아하는 아버지와 바다를 좋아하는 어머니, 영화를 좋아하는 연인과 책을 좋아하는 나 등등.

차이가 취향이 아닌 성격 혹은 신념의 영역으로 넘어가는 순간 문제는 걷잡을 수 없이 커지고 만다. 서로 핏대 올려가며 싸우는 것은 일상이요, 상대방을 깎아내리기 위해 트집 잡고 과장하며 심지어는 없는 이야기까지 지어내는 경우가 다반사이기 때문이다. 그런 일이 얼마나 있겠냐고? 왜 없겠나. 자신이 지지하는 정치인과 정당만 옳다고 광화문 광장에서 부르짖는 열성 지지자, 좋아하는 연예인에게 상처 주었다며 무작정 악플을 날리는 극성팬들을 우리는 이미 많이 봐오지 않았나. 이런 상황에서 "자기가 하고 싶지 않은 일을 남에게도 시키지 말라"라는 공자의 말은 어느 누구의 조언보다 값지다. 타인의 신념과 믿음을 강요받는 일, 익명성을 무기로 삼은 타인에게 일방적으로 공격받는 일 따위는 어느 누구도 원하지 않을 것이기 때문이다.

논의의 시작점이 된 "무엇을 기준 삼아 생각하고 판단해야 하는가"라는 문제 또한 마찬가지이다. 상대방의 입장에서 생각하면 많은 문제를 해결할 수 있다. 상대가 나와는 다른 시대와 환경을 살아온 사람임을, 논의 속에 우리가 살피지 못한 다른 맥락이 존재할 수 있음을 이해하기 위해 노력하는 거다. 너무 공자님 말씀 같은 거 아니냐고? 뭐 어쩌겠나, 정말 공자님 말씀인데. 그렇지만 우리는 안다. 문제를 해결할 수 있는 방법은 오직 이뿐이라는 사실을 말이다. 우리는 모두가 다른 경험과 생각을 가지고 함께해야 하는 세상에 살고 있다. '타인의 입장에서 생각하는 태도'는 어쩌면 지금 우리에게 가장 필요한 기술, 아니 철학인지도 모른다.

선악

우리는 언제든
악마가 될 수 있다

"슬픈 사실은,
대부분의 악행이 무엇이 선이고
악인지 판단하지 않는 사람들에 의해
저질러진다는 것이다."
—

아렌트

1949년 12월 27일, 네덜란드로부터 독립한 인도네시아에서 독립운동가이자 공산당을 정치적 기반으로 둔 수카르노가 초대 대통령으로 취임한다. 정권을 잡고 이내 독재자로 변모한 그는 1965년 9월 반대 세력을 탄압하기 위한 친위 쿠데타를 일으키지만 오히려 군부에 의해 진압당하고 만다. 이후 그를 끌어내린 군부의 핵심인물 하지 모하마드 수하르토가 1968년 3월 2대 대통령으로 취임한 뒤 1998년까지 약 30년간 독재를 이어갔다.

이 과정에서 인도네시아 군부는 동남아시아 지역의 공산화를 우려한 서구 열강의 묵인 아래 100만 명이 넘는 사람들을 학살한다. 조직적이고 무자비한 학살로 강과 하수도는 매일 사람들의 시체로 가득했다. 군부는 이들이 모두 공산주의자라고 주장했지만, 대부분은 무고한 소작농과 화교, 지식인 그리고 군부 세력의 정적이었다.

그리고 2000년대 초반, 야자수 농장의 노동자들이 겪고 있는 노동조합 탄압 문제를 다루기 위해 인도네시아를 방문한 영화감독 조슈아 오펜하이머는 사람들이 노동조합 설립을 이상할 정도로 두려워한다는 것을 느끼고, 그 이유를 확인하다 1965년의 비극을 알게 된다. 그는 처음에는 피해자들의 이야기를 다루려고 시도했지만 실패하고 말았다. 당시 학살을 주도한 자들이 어떠한 처벌도 받지 않고 사회 지도층으로 군림한 탓에 진술하기를 두려워한 사람들이 많았기 때문이다. 이후 그는 방향을 바꾼다. 바로 '가해자'들을 인터뷰하는 쪽으로 말이다. 그는 학살에 가담한 인물들을 찾아 그들의 입장에서 당시 상황을 재현한 영화를 찍자고 제안한다. 그 과정을 메이킹 다큐멘터리로 만든 결과물이 바로 영화 〈액트 오브 킬링〉이다.

영화 제작을 제안받은 사람, 아니 가해자들의 반응은 놀랍다 못해 경악스러울 지경이다. 신이 나서 그들 스스로 팀을 짜고 촬영과 편집, 관람을 이어가기 때문이다. "훌륭한 작품을 만들었다"라며 극찬하는 것은 예사다. 자신들이 자행한 살인 방법을 상세하게 재연하고, 학살을 저지른 마을을 찾아가 주민들에게 아이를 잃은 부모 역할을 연기해달라고 부탁하기도 한다.

영화의 주인공 격인 안와르 콩고는 이중적이며 모순적인 인물이다. 춤과 할리우드 영화를 좋아하고, 다리를 다친 오리를 불쌍히 여기는 인자한 할아버지이며, 대학살을 저지른 이후 악몽과 불면증에 시달린다. 그러나 동시에 그는 1965년 대학살의 주범이며, 자신이 저지른 일을 당당히 증언하고, 태연하게 그 일을 재연하는 인물이기도 하다. 우리는 그와 그의 동료, 아니 또 다른 가해자들을 어떻게 바라봐야 할까?

망명 철학자,
학살의 당사자를 마주하다

그럼 잠시 눈을 돌려 인도네시아의 학살과 비슷한 시기에 벌어진 어느 사건을 살펴보자. 제2차 세계대전 종전 후 열린 어느 재판에 관해서 말이다. 피고인의 이름은 아돌프 아이히만. 그는 나치 정권 아래에서 유대인 문제를 담당했던 군인이었다. 그는 독일 패망과 동시에 아르헨티나로 도망하여 잠적했지만, 자랑할 것과 부끄러운 것을 구분 못 하는 멍청한 아들(유대계 여자친구에게 자신의 아버지가 유대인 제거에 앞장섰다고 자랑하다가 덜미가 잡혔다) 때문에 이스라엘 정보기관인 모사드에 체포되어 재판을 받게 됐다.

그리고 〈액트 오브 킬링〉의 조슈아 오펜하이머 감독처럼 이 재판에 관심을 갖고 그 과정과 진실을 담으려 노력한 인물도 있었다. 바로 독일계 정치이론가인 한나 아렌트이다. 그녀는 1906년 독일에서 태어난 뒤 마르부르크 대학에서 공부했다. 이곳에서 아렌트는 자신을 가르치던 철학자 하이데거와 연인 관계로 발전하는데, 하이데거가 나치에 협력하는 모습을 본 뒤 환멸을 느끼고 한동안 그를 떠난다. 이후 그녀는 실존주의 철학자이자 심리학자인 카를 야스퍼스의 지도를 받아 박사학위 논문을 썼다. 중세 철학자인 아우구스티누스의 사상에 입각한 사랑의 개념이 논문의 주제였다. 이 논문은 1929년에 출판되었지만, 4년 뒤 그녀는 유대인이라는 이유로 교수 자격 취득을 금지당하게 된다.

아렌트는 이후 프랑스 파리로 피신한다. 독일에서 유대인들의 정치적 활동을 돕던 도중 어려움을 겪게 되었기 때문이다. 파리에서도 그녀는 유대계 망명자들을 돕는 활동을 이어갔다. 그러나 곧 전쟁이 손길이 뻗쳐왔고 나치 독일의 괴뢰정부인 비시 정권이 들어서면서 강제수용소에 수감되고 만다. 결국 그녀는 필사적으로 탈출해 미국으로 망명한다. 제2차 세계대전이 끝난 뒤 유대인 학살 소식을 듣게 되었을 때, 아렌트 또한 다른 사람들과 마찬가지로 그 이야기가 진실은 아닐 거라고 믿었다. 하지만 그 소문은 모두 사실이었다.

미국에서 학자로서 명성을 쌓아가던 중 아렌트는 아이히만의 재판 소식을 듣게 된다. 아렌트는 예정되어 있던 대학 강의를 취소하고, 〈뉴요커〉의 지원을 받아 특파원 자격으로 재판을 참관한다. 참관 내용은 1963년 2월부터 다섯 차례로 나뉘어 기고되었다. 연재 기사의 제목은 '전반적인 보고: 예루살렘의 아이히만'이었다. 그리고 이 글은 2년 뒤 후기와 함께 '악의 평범성에 관한 보고서'라는 부제가 붙어 도서로 발간되기에 이른다.

평범하고,
평범한 악

그렇다면 부제에 담긴 '악의 평범성'이라는 표현은 어떤 의미인가? 우선 우리는 흔히 '선'과 '악'을 상호 대치되며, 서로 섞일 수 없는 개념으로 상정한다. 이를테면 물과 기름 같은 것으로 여긴다는 이야기이다. 그것이 바로 우리가 일반적으로 생각하는 '선악'의 관계다. 여기에 더해 '악'과 '평범'이라는 단어는 선과 악보다 더 괴리된 단어처럼 느껴진다. 아니, 이게 말이 되는가? 악이 평범하다니! 이 말은 마치 평범한 일상을 지키기 위해 이어온 나의 노력이 수없이 많은 사람의 착취 영상을 만들고 유포한 비밀 채팅방의 운영자, 수십 명의 목숨을 앗아 간 연쇄살인범의 행동과 동일한 것이라고 말하는 듯하다.

유대인 600만 명을 '처리'하기 위한 효율적인 시스템을 구축하는 일에 앞장섰던 아돌프 아이히만은 "악이 평범할 수 있다"라는 명제에 가장 부합하는 인물이었다. 그는 일면 지극히 평범한 성인 남성처럼 보였다. 이웃과 가족에게 친절했으며, 풍채 또한 상상과 달리 꽤 왜소한 편이었다. 정신이 이상한 건가 싶었지만 이마저도 멀쩡해 보였다. 재판 직전 그의 정신이상 여부를 검사한 한 의사가 "아이히만을 감정한 자신이 오히려 정신이상자가 될 정도로 그는 정상"이라고 말했으니까 말이다. 하지만 동시에 그는 누구보다 열심히 유대인 학살 행위에 앞장선 인물이기도 했다. 유럽의 유대인을 강제수용소로 보내는 열차 수송의 최종책임자였으며, 해당 보직을 맡은 기간 내내 유럽 전역의 수용소와 학살 장소를 돌아다니며 최선을 다해 '업무'를 이끌었다. 심지어 그의 상관 하인리히 뮐러는 "만약 50명의 아이히만이 있었다면 우리는 전쟁에서 이겼을 것이다"라고 말했을 정도다.

아렌트는 아이히만의 재판 과정을 마주하며 악이 무언가 특이하거나 이상한 특정인에 의해 이루어질 것이라는 고정관념에서 벗어나게 되었다. 그녀는 아이히만의 학살 행위가 유대인에 대한 증오 혹은 파괴적 본능에서 비롯된 것이 아니라 단순한 '출세욕'에서 비롯된 것이라는 사실에 주목한다. 업무를 지시한 상관에게 인정받고, 이를 발판 삼아 더 높은 자리에 오르고 싶다는 지극히 평범한 욕망이 수많은 사람의 목숨을 앗아 갔다는 사실 말이다. 그녀는 이러한 사유를 바탕으로 의도하지 않고 수동적으로 저지르는 행위 또한 악이 될 수 있다고 말한다. 다시 말해, 악이란 특별히 악한 존재 혹은 악한 무언가에서 나오는 것이 아니라 평범한 개인의 '무사유'에서도 비롯될 수 있다는 것이다. 아렌트는 아이히만의 재판을 다음과 같이 회고한다.

"그로 하여금 그 시대의 엄청난 범죄자들 가운데 한 사람이 되게 한 것은 (결코 어리석음과 동일한 것이 아닌) 순전한 무사유였다."

선한 인간과 악마,
그 사이 어디에서

다시 서두에서 언급한 영화 이야기로 돌아가보자. 〈액트 오브 킬링〉 출연자들이 스스로 만든 영화의 마지막 장면에서 희생자를 연기하는 인물은 주인공 안와르 콩고에게 금메달을 걸어주며 다음과 같이 말한다. "날 처형하고 천국으로 보내줘서 감사하다는 뜻으로 드리는 메달입니다."

어쩌면 우리는 안와르 콩고와 아이히만의 이야기를, 뉴스를 장식한 어느 범죄자의 이야기를 단지 '남의 이야기'로만 치부했던 것은 아닐까? 혹시 누군가의 악이 된 채, 그 사실을 성실함이라는 그럴듯한 포장을 둘러 애써 외면해왔던 것은 아닐까? 우리는 선한 인간도, 악마도 모두 될 수 있다. 그리고 그중 무엇이 될 것인지는 어쩌면 의심하고 비판하며 고민하는 우리 각자의 '생각'에 달려 있는지도 모른다.

용기

결과에 의해
정당화되는 것들

"비난받을 행동을 하더라도,
결과가 이를 정당화시킬 수 있다."

—

마키아벨리

우리는 어린 시절부터 어른들에게 "결과보다는 과정이 중요하다"라는 말을 수없이 듣고 살았다. 그 이유를 설명하는 논리는 한결같다. 노력해서 얻은 결과는 결코 너를 배신하지 않는다. 인내하고 또 인내해라. 그러면 지금 당장의 달콤함보다 더 값지고 아늑한 결과물이 따라올 것이니!

하지만 돌이켜보면 세상은 우리에게 의미 있는 과정보다 값진 결과를 요구하는 경우가 더 많았던 것 같다. 당장 청소년기에 그 '말씀'을 한 선생님과 부모님은 내 성적표의 숫자에 더 주목했고, 친척들 역시 "공부 열심히 해라" 같은 과정 중시형 덕담과는 별개로 내가 어떤 대학에 들어갔는지에 더 관심 가졌기 때문이다. 성인이 되어서도 마찬가지이다. 대부분의 사람은 상대방이 무엇을 좋아하는지, 얼마나 노력했는지에는 관심 없다. 그저 어떤 회사에 다니는지, 연봉은 얼마인지가 더 그 사람을 평가하는 잣대이다. 그래, 우리는 이제 안다. 결과 없는 노력을 알아주는 사람이 그리 많지 않다는 것을 말이다.

그럼 이 이야기를 뒤집어서 생각해보자. 결과는 좋았지만 과정이 옳지 못했다면 우리는 이를 어떻게 평가하게 될까? 조금

막연하게 느껴진다면 다음의 예를 살펴보자. 잘나가는 IT 기업의 CEO인 당신은 어느 날 멋진 꿈을 갖게 된다. 바로 "이산화탄소 배출량을 줄여 죽어가는 지구를 살리겠다"라는 것. 결심한 날부터 당신은 자신은 물론, 회사의 자원까지 총동원해 목표를 이루려고 한다. 하지만 노력은 매번 실패로 돌아간다. 그리고 어느 날, 당신은 새로운 방향으로 문제를 해결하기로 마음먹는다. 바로 이산화탄소 배출의 원흉인 '인간'을 제거하기로 한 것이다. 당신은 인공위성을 이용한 무료 인터넷을 미끼로 전 세계 사람들이 당신이 운영하는 회사의 유심 칩을 사용하도록 만든다. 그리고 유심 칩에 숨겨둔, 인간의 폭력성을 증폭시키는 기능을 작동시켜 인류를 한 번에 제거할 계획을 세운다.

아, 읽다 보니 어디서 본 내용 같다고? 맞다. 영화 〈킹스맨: 시크릿 에이전트〉의 빌런 발렌타인과 그의 계획에 관한 이야기이다. 영화 속에서 발렌타인의 계획은 실패로 끝났지만, 만약 그 계획이 현실에서 성공했다면 우리는 그와 그의 계획을 어떻게 이해하고 평가하게 될까?

●

결국 중요한 건
'힘'이다

여기 발렌타인의 성공을 양손 들고 반길 사람이 한 명 있다. 바로 15세기 이탈리아의 철학자 마키아벨리이다. 마키아벨리는 1469년 이탈리아의 도시국가인 피렌체에서 태어났다. 당시 피렌체는 상업적으로 꽤 번창한 곳이었지만, 영토나 인구 면에서는 매우 열악한 나라였다. 그 때문에 주변의 여러 강대국으로부터 간섭을 받는 경우도 많았다. 1494년 샤를 8세의 프랑스를 시작으로 스페인, 신성로마제국 등의 침략을 연달아 받았다. 그 때문에 피렌체의 지도자들은 어떻게든 이들 나라와의 관계를 원만하게 유지하며 공화국을 지키려 애썼다.

어찌 됐든 이런 시기에 태어난 마키아벨리. 그의 가정은 경제적으로 그리 풍요롭지 못했다고 알려진다. 하지만 그의 아버지는 배움과 탐구에서는 누구보다 열성적인 사람이었다. 고대 그리스 로마의 인문학을 열성적으로 공부했고, 아들인 마키아벨리에게는 어린 시절부터 라틴어 공부를 하도록 했다. 그 덕분에 마키아벨리는 젊은 나이에 주목받는 인재로 성장했다. 29세가 되던 해 국무부 차관보 격인 제2 서기관이 되었고, 이후 꽤 오랜 기간 국정 수행의 중추적인 역할을 해나간 것이다. 그는 다양한 분야에서 활약했다. 특히 국력이 부족한 도시국가 피렌체의 주력 분야였던 '외교술'에서 자신의 역량을 발휘했다.

하지만 힘이 없는 상태에서 이뤄지는 외교술은 한계가 명확했다. 그 한계를 보여주는 대표적인 사례가 바로 피사 탈환 전쟁이다. 당시 피렌체는 독립을 선언한 항구도시 피사를 되찾기 위해 프랑스 용병을 고용했다. 내륙의 상업도시인 피렌체로선 원활한 경제활동을 이어가기 위해 항구가 반드시 필요했기 때문이다. 하지만 프랑스의 용병들이 피렌체의 절박함까지 신경 쓸 이유는 없었다. 결국 그들은 피사의 성벽을 무너뜨리고도 위험 부담이 큰 시가지 전투를 포기한 채 퇴각하고 만다. 피렌체 입장에선 헛돈만 쓴 셈이었지만 용병을 제공한 프랑스에 항의할 수조차 없었다. 힘이 없었기 때문이다. 마키아벨리는 이때의 경험을 계기로 나라가 부강해지기 위해 가장 중요한 건 결국 '힘'이라고 믿게 된다.

●

운도 용기 있는 자를
따르는 법

마키아벨리의 대표작인 《군주론》은 이러한 그의 정치철학이 담겨 있는 책이다. 이 책은 같은 시기에 쓰인 비슷한 범주의 책과는 다른 입장을 취하고 있다. 당시 대부분의 정치철학서가 지도자란 무릇 겸손과 정직, 동정심을 가져야 한다고 주장했던 것과는 달리, 권력을 유지하고 국가를 부강하게 만드는 용기, 단호함, 기민한 판단력이 통치자의 주요 덕목이라고 이야기하고 있기 때문이다.

이유는 무엇일까? 우선 마키아벨리는 인간을 이타심보다는 이기심을 가진 존재로 정의한다. 단순히 감동하게 하거나 선의를 베푸는 정도로는 누군가를 원하는 방향으로 이끌 수 없다. 그러므로 사람들을 통치해야 할 군주는 어설픈 동정과 이타심에 기대기보다는 자신의 권력을 유지하고 국가를 강하게 만드는 일에 수단과 방법을 가리지 않아야 한다.

이런 주장은 그의 철학의 핵심 개념인 '비르투(virtu)'에 잘 나타난다. 비르투란 '미덕'이라는 의미의 라틴어 비르투스(virtus)에서 비롯된 말이지만, 마키아벨리에 의해 전혀 다른 의미로 사용됐다. 그는 비르투를 "국가의 안전과 번영을 담보하는 수행능력"이라고 정의했다. 여기에는 우리가 생각하는 이상적인 정치 수행 방식 외에도 다양한 요소가 포함되어 있다. 가령 거짓 정보를 흘리거나 국가의 발전에 저해되는 인물을 암살하는 능력, 필요한 경우에는 내 편까지도 처치할 수 있는 능력이 그것이다.

물론 이러한 능력을 갖춘 사람들이 모두 성공하는 것은 아니다. 알다시피 세상만사에는 '운'이 필요한 법이니 말이다. 하지만 마키아벨리는 이 운도 비르투를 갖춘 군주를 따른다고 생각했다. 자신의 힘으로 통제할 수 있는 의지의 영역이 넓어질수록 어찌할 수 없는 운명의 영역이 좁아질 것이라는 게 그 이유였다. 그는 다음과 같이 말한다.

"운명은 자신에게 저항할 역량이 전혀 갖춰지지 않은 데서 그 위력을 떨치며, 자신을 제지하기 위한 둑이 마련되지 않은 곳을 덮친다."

물론 그렇다고 해서 그가 권력자에게 통치를 빙자한 일종의 프리패스를 주었다고 생각해서는 곤란하다. 그는 이러한 행위를 인정받기 위해서는 더 나은 통치라는 목적이 전제되어야 한다고 강조한다. 즉, 마키아벨리가 하고 싶었던 이야기는 단순히 "정치와 권력 투쟁에서 승리하려면 나쁜 놈이 되어야 한다"라는 것이 아니라, 더 큰 목표나 가치를 위해서 때때로 작은 것을 포기해야 한다는 의미였던 것이다. 그는 이러한 정치술이 제대로 사용되었을 경우, 그것은 권력자 자신을 보호하는 데 유용한 역할을 할 뿐만 아니라 백성들에게 이익이 되는 수단도 될 수 있다고 말한다.

●

정작 제 삶은 정당화하지 못한
마키아벨리즘의 창시자

그의 책《군주론》은 흔히 "목적은 수단을 정당화한다"라는 문장으로 요약되곤 한다. 이로 인해 그의 이름 마키아벨리에서 파생된 단어인 '마키아벨리즘(Machiavellism)' 또한 "자신의 목표를 위해 수단, 방법을 가리지 않는 사상"이라 해석되며 오랜 기간 비판받아왔고 말이다. 대체 마키아벨리는 왜 이런 철학을 '욕먹을 각오로' 전하려 했을까?

앞서 잠시 언급했던 것처럼 그가 자신의 사상을 세운 데에는 조국 피렌체의 경험이 큰 몫을 차지했다. 혼란했던 시대, 마키아벨리는 피렌체 공화국이 무너지고 주변국의 지도자들이 몰락하는 광경을 수없이 목격했다. 그는 이를 살펴보며 어설픈 이상주의나 도덕 감정에 얽매이는 것보단 자신의 영광과 국가의 성공을 위해 최선을 다하는 것이 훨씬 더 긍정적인 결과를 이끌어낼 수 있다고 믿었던 듯하다.

물론 마키아벨리가 겪게 된 '현실'도 그의 사상 형성에 영향을 미치지 않을 수 없었다. 때는 1512년, 교황 율리우스 2세가 이끄는 신성동맹이 당시 피렌체 공화국을 실질적으로 지배하고 있던 프랑스군을 몰아낸다. 이와 동시에 프랑스의 지원을 받던 피렌체 공화정 또한 힘을 잃고 교황의 지원을 받는 메디치 가문이 복귀하게 되었다. 권력이 바뀌면 그 권력의 구성원들 또한 바뀌어야 하는 법이다. 피렌체 공화국의 핵심 관료였던 마키아벨리는 재산을 대부분 몰수당한 채 작은 농장에서 칩거하는 신세가 되고 만다.

마키아벨리는 포기하지 않았다. 권력자가 지녀야 할 현실적인 덕목을 다룬《군주론》을 쓰고, 이를 메디치가의 로렌초 데 메디치에게 헌정한 것이다. 시간이 흘러 다시 능력을 인정받은 마키아벨리는 공직으로의 복귀 수순을 밟게 된다. 다루기 까다로운 외교 임무를 맡기도 하고, 성벽을 보수하는 작업을 책임지기도 했다. 하지만 세상만사 알 수 없는 법이다. 그가 복귀한 지 얼마 지나지 않아 피렌체가 다시 공화제로 복귀하게 되었고, 이번에는 메디치 가문의 앞잡이로 낙인찍혀 정계 복귀가 완전히 좌절되어버린 것이다. 비르투를 가진 자에게 따라올 것이라던 운이 마키아벨리에게는 결국 따르지 않았던 셈이다.

●

선택과 평가는
달라질 수 있다

그럼 다시 처음의 질문으로 돌아가보자. 결과는 좋았지만 과정이 옳지 못한 행동이 있다면, 우리는 이를 어떻게 평가해야 할까? "용기 있다"라고 말해야 할까, 아니면 "그래도 잘못되었다"라고 말해야 할까? 아마도 꽤 많은 사람이 후자를 택할 것이다. 앞선 비유를 예로 들며 지금 당장 이산화탄소를 줄이겠다고 대량 학살을 하는 것이 가당키나 하냐면서 말이다. 물론 옳은 이야기이다. 하지만 동시에 마키아벨리의 주장이 국가 또는 사회가 존망의 위기에 처한 상황에 요구되는 지도자의 자질을 다룬 것임을 잊지 않았으면 좋겠다. 다시 말해, 지금의 평온한 일상이 아닌 위기의 순간이 온다면 그때는 우리가 고려해야 할 내용도, 선택도 어쩌면 달라질 수 있다는 말이다.

중국 위나라의 정치가 서문표가 업현의 현령으로 부임했을 때 이야기이다. 그는 지역의 장로들을 불러 모아 백성들의 괴로움이 무엇인지 물었다. 장로들은 황하의 신인 하백을 장가보내는 일이 힘들다며 불만을 토로했다. 무당과 관리들이 하백을 장가보낸다는 이유로 많은 세금을 걷고, 마을의 처녀들을 강에 던졌기 때문이다.

이야기를 들은 서문표는 하백에게 신부를 바치는 날 강가로 찾아갔다. 그리고 신붓감으로 지명된 처녀의 얼굴을 확인한 뒤 처녀가 아름답지 않아 다른 처녀를 구해야 할 것 같으니 이를 하백에게 전해달라며 무당을 강에 던져버렸다. 잠시 후, 서문표는 무당이 돌아오지 않는 이유를 확인하라며 무당의 제자들과 폭정을 일삼던 관리들도 잇따라 강에 던졌다. 이를 본 관리와 백성들은 크게 놀라고 두려워하며 감히 다시는 하백을 위해 신붓감을 바쳐야 한다고 이야기 하지 못했다.

이후 서문표는 사람들을 불러 모아 도랑을 파고 강의 물을 끌어와 백성들의 논에 물을 대는 사업을 시작했다. 일이 시작될 즈음, 귀찮고 힘들다며 불평하는 사람들 앞에 선 서문표가 말했다. "사람들은 일이 이루어지고 나면 즐거워할 뿐이지 함께 일을 시작할 생각은 하지 못합니다. 지금 여러분은 나를 증오할지 모르지만, 여러분의 자손들은 내 말에 크게 공감하며 부귀를 누릴 것입니다."

지금 우리가 '옳지 않다'라고 생각하는 선택 역시 언젠가는 "용기 있다"라고 재평가될지 모른다. 마치 서문표와 그가 판 도랑처럼 말이다.

정의

진실로 협력이
가능할까?

"비록 그것이 편리한 방법일지라도,
누군가의 번영을 위해
다른 이들이 적게 가져야 한다는 것은
정당하지 못하다."

—

롤스

어쩌면 당신은 부자일지 모른다. 수십억 원짜리 집을 보유하고, 수억 원짜리 자동차를 몰며, 수천만 원짜리 명품을 구매하는 일을 고민하지 않는 사람 말이다. 하지만 만약 당신이 그렇다고 해도 이번 장이 무의미한 것은 아니다. 이 책을 읽는 사람 대부분이 부자가 아닐 테니 말이다. (당신이 모를까 봐 말해주는 건데) 대부분의 사람은 이렇게 지낸다. 수십억 원은커녕 수억 원도 없어 전세와 월세를 전전하며, 수백만 원짜리 중고 자동차를 사는 일에 몇 달을 고민한다. 당연히 명품을 사는 일 같은 건 평생 한 번 있을까 말까 하다.

나라 밖으로 눈을 돌리면 상황은 더 열악하다. 지금 이 순간에도 전 세계 곳곳에서 전쟁이 일어나고 있으며, 수십억 명의 사람들이 하루에 몇천 원도 안 되는 돈으로 생활하는 '절대적 빈곤' 상태에 처해 있다. 이들이 기초 교육을 받는 것은 요원한 일이며, 건강한 삶을 위해 매일 깨끗한 물을 마시거나 적정 수준의 위생환경을 갖추는 일 또한 불가능에 가까운 상태이다.

심각한 가난으로 굶어 죽는 사람이 없도록, 아픈 사람이라면 누구나 치료받을 수 있도록, 일정 연령의 아이들 모두 적정 수준의 교육을 받을 수 있도록 해야 한다. 빈곤이 대물림되지 않도록 해야 하며, 최소한 의식주의 문제로 '불행한' 사람이 나오지 않는 구조를 만들어야 한다. 이 문제를 해결하는 방법은 하나뿐이다. 모두가 협력하는 것 말이다. 이는 가난한 사람, 소외받는 이들의 연대와 노력만으로 해결할 수 없는 문제이다. 하지만 대체 어떻게 협력을 이끌어낼 것인가? 아니, 협력이란 게 과연 가능하긴 한 것인가?

20세기의
가장 중요한 철학자

불평등과 이를 해결할 정의의 문제에 천착한 존 롤스는 1921년 미국 볼티모어에서 태어났다. 어린 시절 롤스에게는 네 명의 형제가 있었다. 그 가운데 두 명은 어린 나이에 세상을 떠났는데, 모두 롤스가 옮긴 전염병이 사망의 주요 원인이었다고 알려진다. 롤스의 전기 작가인 토마스 포게는 이를 "그의 어린 시절 중 가장 중요한 사건"이라 말한다. 어린 시절 마주하게 된 미국 사회의 빈곤과 형제들의 죽음이 그를 윤리적 문제에 천착하게 했다는 것이다.

롤스는 명문 켄트학교와 성공회 예비학교를 거쳐 프린스턴 대학을 졸업했다. 그는 졸업 당시 신학에 깊이 빠져 있었다. 심지어 "인상 깊은 종교적 졸업논문"을 썼다는 평가를 받았을 정도. 하지만 얼마 지나지 않아 그의 생각을 송두리째 바꾸는 사건이 일어난다. 바로 제2차 세계대전 말이다.

전쟁이 일어나자 많은 청년이 자신의 목숨을 바쳐 조국의 평화와 자유를 지키고자 했다. 롤스 역시 마찬가지였다. 대학을 졸업한 뒤 망설이지 않고 군에 지원했던 것이다. 게다가 입대 직후부터 뛰어난 능력을 발휘했다. 전장에서의 공을 인정받아 훈장이 수여되었고, 명장으로 이름을 날리던 맥아더 장군의 휘하에 배속되기도 했다. 장교 승진도 제의받아 복무 생활을 이어가기만 해도 어느 정도 성공이 보장된 상황이었다.

하지만 그의 생각이 180도 뒤바뀌는 일이 생겨났다. 바로 1945년 8월 6일 미군이 히로시마에 원자폭탄을 투하한 사건이었다. 태평양 전쟁에 참여하고 있던 롤스는 원자폭탄이 떨어진 히로시마의 참상을 알게 되었고, 고통받는 이들을 뒤에 두고 승리가 코앞이라며 자축하는 아군에게 환멸을 느꼈다. 1946년 1월, 결국 그는 동료를 징계하라는 명령에 불복하고 제대를 선택한다.

전쟁을 거치며 신앙을 잃게 된 그는 대학으로 돌아가 도덕철학으로 전공을 바꾸었다. 그는 이곳에서도 승승장구했다. 아니, 역경을 거치며 오히려 그에게 가장 잘 맞는 길을 찾게 된 쪽에 가까웠다. 1950년에 박사 학위를 취득했고, 이후에도 높은 학문적 성과를 보이며 영국 옥스퍼드 대학에서 수학할 기회도 얻었다. 특히 그는 이곳에서 자유주의 정치사상가인 이사야 벌린과 법학이론가 허버트 하트를 만나 많은 영향을 받게 된다.

미국으로 돌아온 그는 죽는 날까지 도덕철학의 발전에 헌신했다. 코넬 대학과 MIT를 거쳐, 1964년부터 하버드 대학의 철학과 교수로 재직하게 된 것이다. 40년에 가까운 기간 동안 그는 마이클 샌델, 마사 누스바움, 토마스 네이글, 바바라 허먼 등 수많은 현대 도덕철학자와 정치철학자들을 양성했다.

롤스가 세상을 떠난 뒤, 영국의 철학자인 조너선 울프는 "20세기의 둘째로 중요한 철학자에 대한 논란은 있을 수 있지만, 가장 중요한 철학자에 대한 논란은 있을 수 없다"라고 말하기도 했다. 물론 첫째 인물이란 롤스를 가리키는 것이었고 말이다.

더 나은 세계를 만드는
두 가지 원칙

그럼 롤스와 함께 더 나은 세상을 만들기 위한 작업을 시작해보자. 우리가 자신에게 던져야 할 질문은 이것뿐이다. 바로 "누가, 얼마나 가질 것인가" 하는 문제 말이다. 대부분의 사람이 자신의 처지와 환경에 따라 새로운 세계를 상상하게 마련이다. 만약 당신이 수백억 원의 자산가라면? 당신은 아마도 어떤 이들은 아주 부유하고, 또 어떤 이들은 조금은 가난하게 지낼 수밖에 없는 세계를 떠올릴 거다. 반면 당신이 지금 하루하루 살기에 급급하다면 일부에게만 부가 몰리지 않는, 그래서 어느 누구도 가난하지 않은 세상을 꿈꿀 것이다.

롤스는 이처럼 자신이 처한 조건에 따라 다른 선택을 하는 불상사를 막을 수 있는 방법을 고안했다. '운의 중립화'라 불리는 원리가 바로 그것이다. 운의 중립화란 삶의 출발선상에 존재하는 불평등을 규제하는 것을 의미한다. 출신 지역, 성별, 빈부격차 등 자신의 의도와 관계없이 우연히 주어진 조건을 배제하고 경쟁할 수 있도록 해야 한다는 것이다.

그럼 대체 어떤 방법으로 '운의 중립 상태'를 만들 수 있을까? 롤스가 제시한 해답은 간단하다. 바로 무지(無知)의 상태를 만드는 것이다. 다시 말해, 자신이 부유해질지 가난해질지, 남성일지 여성일지, 동성애자일지 이성애자 혹은 양성애자일지, 지능이 높을지 낮을지, 운동신경이 좋을지 나쁠지 알지 못한 채 새로운 세계를 설계해야 한다는 것. 그는 우리가 이러한 '무지의 장막' 상태에 놓인다면 이를 통해 이루어진 합의 또한 어느 쪽에도 치우치지 않는 평등하고 공정한 내용이 될 것이라 확신했다. 또한 이것이 무조건적으로 모두가 공평해야 한다는 내용을 담고 있지 않을 것이라고 보았다. 여러 조건을 배제하더라도 동일한 출발선에서 시작하지 못하는 소수자들이 사회 곳곳에 존재한다는 사실을 놓치지 않았기 때문이다.

롤스는 이러한 과정을 거쳐 결정될 두 가지 가상 합의안을 발표했다. 첫째는 '자유의 원칙(Liberty Principle)'이다. 이는 인간의 기본권에 해당하는 자유의 보장을 요구하는 것으로 사상의 자유와 양심의 자유, 선거의 자유, 언론 및 집회의 자유 등이 여기에 해당한다. 롤스는 이러한 기본적인 자유를 보장하는 것이 매우 중요하다고 생각했다. 롤스에 따르면 자유는 어떠한 경우에도 제한되어서는 안 된다. 심지어 대다수 사람의 삶을 향상시킨다고 해도 말이다. 이는 다음과 같이 표현된다.

"각자는 다른 사람의 유사한 자유의 체계와 양립할 수 있는 평등한 기본적 자유의 가장 광범위한 체계에 대해 평등한 권리를 가져야 한다."

둘째는 소수자를 위해 만들어진 원칙으로, '차등의 원칙(Difference Principle)'이다. 사회적, 경제적 불평등을 고려해 기회를 부여해야 한다는 것이 핵심 내용. 롤스는 합리성을 갖춘 사람이라면 자신이 어떤 상황에 처할지 모를 때 이런 원칙을 갖춘 세계를 만들기 위해 노력할 것이라고 생각했다. 그는 차등의 원칙에 대해 다음과 같이 말한다.

"사회적·경제적 불평등은 모든 사람에게 이득이 될 것이라고 합당하게 기대할 수 있도록, 그리고 모든 사람에게 개방된 지위와 직책에 귀속될 수 있도록 배정되어야 한다."

초월적 협력은
가능한가

롤스 이전의 도덕철학자 혹은 정치인들은 대부분 평균적인 부를 높이는 것에 초점을 맞춘 주장을 펼쳤다. 다시 말해, 누군가는 굉장히 높은 수준의 부를 얻고, 꽤 많은 사람이 적당한 부를 누리는 대신 소수의 사람들은 아주 가난한 상황을 그렸다는 것이다. 하지만 롤스는 이런 상황이 벌어지는 게 그다지 정의롭지 못하다고 생각했다. 그가 보기에 좀 더 나은 것은 평균적인 부가 다소 낮아져도 모든 사람이 조금 더 공평한 몫을 갖는 상황이었다. 이렇게 말이다.

"모든 사회적 가치 — 자유와 기회, 소득과 부, 그리고 자존감의 사회적 기반 — 는 이러한 가치의 일부 또는 전부의 불평등한 분배가 모든 사람에게 이득이 되지 않는 한 평등하게 분배되어야 한다."

물론 이러한 롤스의 견해에 이의를 제기한 사람들도 많았다. 동시대의 유력 정치철학자인 로버트 노직이 대표적인 경우였다. 그는 사회의 정의를 구현하기 위해 필요한 첫째 단계는 "개인들의 권리와 자유를 보장하는 것"이라고 생각했다. 노직이 보기에 자신이 소유한 것, 즉 재산과 재능을 사용하는 것은 전적으로 개인의 자유이다. 가령 뛰어난 재능을 가진 축구선수가 있다고 생각해보자. 이 선수는 자신이 가진 재능을 활용해서 돈을 벌고 싶다. 또한 팬들은 그의 넘치는 재능을 보기 위해 자신의 돈을 쓸 준비가 되어 있다. (몇 년 전, 호날두가 방한해 경기를 뛴다는 소식에 수십만 원짜리 표가 몇 분 만에 다 매진되었던 사태를 생각해보자.) 만약 매년 수백만 명의 팬들이 그를 보러 온다면 그 선수는 그에 상응하는 돈을 벌게 될 것이다. 노직은 이것이 공정하고 정의로운 결과라고 생각했다.

무지의 장막 상태에서 새로운 세계를 구상하더라도 합리적인 선택을 하려는 사람들만 존재하리라는 보장도 없다. 한 번뿐인 삶을 일종의 '도박' 혹은 '복권'이라 여기며 세계를 설계하는 사람도 있을 것이라는 얘기다. 이들은 엄청난 부자가 될 가능성에 기대를 걸고, 가난의 위험성을 기꺼이 감수할 수도 있다.

그럼 다시 처음의 질문으로 돌아가보자. 과연 가진 자와 가지지 못한 자, 소외당한 자와 소외당하지 않은 자의 구분이 없는 초월적 협력은 가능할 것인가? 그 가능성에 대해서는 각자 생각이 다를지 모르지만 이것 하나만큼은 모두가 동의하지 않을까 싶다. 바로 "결코 쉽지 않을 것"이라는 예상 말이다. 하지만 그렇다고 "어쩔 수 없는 일"이라며 손 놓고 살 수도 없는 일이다. 그런 세계를 상상하고 현실로 만들어내고자 할 때 우리는 진정으로 다른 삶과 마주할 수 있기 때문이다. 당신이 생각하는 새로운

세계는 어떤 모습인가? 그리고 그 사회에 한 발 다가가기 위해
우리는 무엇을 해야 하는가?

혼란

작은 다정들이
필요하다

"사회의 혼란은 모두
서로 사랑하지 않기 때문에 일어난다."
—

묵자

지금은 전쟁 중이다. '아니, 갑자기 무슨 전쟁이야? 과거에서 왔나?'라고 생각했다면, 대답해드리는 게 인지상정. 맞다. 잠시 잊었을지도 모르지만 이 책에는 당신이 이 책과 마주하고, 구매를 고민하고, 배송받고, 이 장까지 넘어온 시기보다 훨씬 전에 쓰인 글들이 담겨 있다. 당연히 《성경》이나 《직지심체요절》 같은 책보다야 훨씬 최근에 쓰인 글일 테지만 말이다. 아, 물론 《해리 포터》보다도.

지금 내가 이야기하고 있는 '전쟁'은 2022년 러시아가 우크라이나를 침공해 벌어진 전쟁을 말한다. 우크라이나의 나토(NATO) 가입 문제 등을 문제 삼으며 긴장수위를 높여가던 러시아는 결국 2022년 2월 24일에 우크라이나를 침공했다. 매일 수백, 수천 명이 목숨을 잃었다는 소식이 SNS와 미디어를 통해 들려오고, 핵전쟁과 확전 같은 공포도 나날이 커져간다. 당신이 글을 읽는 지금은 어떤가? 전쟁은 끝났고, 핵전쟁 같은 일도 일어나지 않았다고? 아아, 그랬다면 정말 다행이다. 꼭 그런 미래이길 바란다.

그리고 이쯤 되면 우리는 궁금해진다. 도대체 이런 혼란은 왜 반복되는 것인지 말이다. 아니, 세계대전을 두 번이나 거치면서 그렇게 수많은 사람이 죽고 다쳤는데, 일본에 떨어진 두 개의 핵폭탄으로 얼마나 많은 피해가 발생하는지 충분히 확인했을 텐데, 두 번의 원자력 발전소 파괴로 얼마나 심각한 환경오염이 벌어지고 있는지 지금도 두 눈으로 보고 있는데 왜 아무것도 배운 게 없는 것 같냐는 말이다.

전쟁이라는 특수한 상황(이를 '특수하다'라고 표현하는 게 맞는지는 모르겠다. 인류 역사상 전쟁이 일어나지 않았던 시기는 거의 없었으니 말이다)이 아니더라도 우리 삶은 늘 혼란 그 자체다. 이미 수년 전부터 정치 갈등은 최고조에 달해 있고, 끊임없이 오르기만 하는 물가와 부동산 가격 탓에 내 통장은 연일 바닥만 찍는 중이다. 기술의 발전과 시대의 변화 속도는 너무 빨라서 도저히 따라잡을 수 없을 것만 같고, 성별과 나이, 출신지역 등 나눌 수 있는 것이라면 뭐든 다 나눠서 서로를 향해 손가락질하고 비난하는 세상. 아아, 혼란하다 혼란해!

●

알아주지 않아도
옳은 일을 실천한 사람

중국 전국시대의 철학자 묵자는 이런 혼란의 '해결책'을 제시한 인물이었다. 그의 성은 묵(墨). 그러나 당시 중국에는 묵이라는 성이 존재하지 않았기 때문에 묵은 본래의 성이 아닌 것으로 추정된다. 그가 묵이라는 성을 쓰게 된 이유를 추정하는 몇 가지 설이 있다. 우선 첫째는 죄인의 이마에 먹으로 문신을 만드는 묵형을 뜻한다는 설이다. 묵자와 그의 공동체가 형벌을 받은 죄인들의 집단이었다는 의미로, 이 경우 자신들이 받은 처벌의 부당함을 알리고 떳떳함을 나타내기 위해 묵이라는 성을 사용했다는 뜻으로 읽을 수 있다. 둘째는 연장의 일종인 먹줄을 의미한다는 설이다. 먹줄은 목수들이 직선을 긋기 위해 쓰는 연장이다. 이 경우 묵가가 하층 노동계급을 대변하는 집단이었다는 것으로 해석할 수 있다. 한편으로는 묵자의 피부가 매우 검었기 때문이라는 설도 있다. 물론 명확한 답은 없으니, 어떤 설이 더 설득력 있는지는 이 글을 다 읽은 뒤 각자 한 번 더 생각해보아도 좋다.

묵자는 원래 공자의 사상을 공부했다고 알려진다. 하지만 공부를 시작한 뒤 얼마 지나지 않아 유가를 떠나게 된다. 불필요하고 비효율적인 삼년상을 권장하거나, 신분의 귀천을 긍정하는 것을 보고 크게 실망했기 때문이다. 이후 그는 다음과 같은 말을 하며 자신의 사상을 실천하는 삶을 시작했다.

"무게 다는 저울, 곡선을 긋는 자, 직선을 긋는 먹줄만 있으면 충분하다."

묵자는 실천하는 삶의 일환으로 비공(非攻), 즉 전쟁 반대 활동을 하기도 했다. 단순히 반대한 정도가 아니라 전쟁 자체를 막았을 정도다. 가장 잘 알려진 일화가 바로 초나라의 전쟁 계획을 저지한 사건이다. 당시 유명한 기계제작자인 공수반(公輸般)이 초나라에 기용되어 송나라를 공격할 준비를 하고 있었다. 이 소식을 들은 묵자는 열흘 밤낮을 달려 초나라에 도착했다. 그리고 그 즉시 왕 앞에서 이 전쟁이 실패할 것임을 보여주겠다며 모의 전쟁을 제안한다. 그리고 공수반의 거듭된 모의 공격을 묵자가 막아냈고, 결국 왕은 승산이 없다는 사실을 깨닫고 송나라 침공 계획을 포기했다.

물론 그의 이런 노력을 세상 사람들이 모두 알아주지는 않았다. 전쟁을 막아낸 뒤 송나라로 돌아가던 길, 비를 피하려 성문에 들어갔으나 그곳을 지키던 병사가 그를 쫓아냈던 거다. 그는 비를 흠뻑 맞고 감기에 걸려 한참을 고생했지만 자신이 한 일을 후회하지는 않았다. 자신의 공이 알려지는 것과 관계없이, 가진 지혜와 기술을 이용해 신념을 지켰기 때문이다.

묵자와 그의 학파는 자신들의 이상을 실천하기 위해 규율을 정하고 이를 철저하게 지켜나갔다. 얼마나 철저했는지 "불 속에도 뛰어들고 칼날 위에도 올라설 뿐 아니라 죽는 한이 있더라도 발길을 돌리는 법이 없다"라는 평가를 받았을 정도였다. 심지어 묵가의 일원이었던 복돈은 자신의 아들이 살인을 저지르자 이를 사면해주겠다는 왕의 제안을 거절하고 사형에 처하도록 했다. 왕의 명령이라도 묵가의 규율을 어길 수는 없다면서 말이다. 이러한 실천성과 선의가 알려지며 묵자의 사상은 전국시대 그리고 진나라 초까지 크게 유행한다.

●

혼란은
'사랑하지 않아서' 일어난다

그렇다면 묵자의 철학에는 어떤 특징이 있을까? 그의 사상을 한 단어로 표현하면 겸애(兼愛)라고 말할 수 있다. 겸애란 '모든 사람을 조건없이 사랑하라'라는 의미다. 그는 자신의 시대에 벌어지고 있는 극심한 혼란이 서로 사랑하지 않기 때문에 일어난 문제라고 생각했다.

특히 그는 강자가 약자를 억누르고, 부자가 가난한 사람을 능멸하며, 귀한 사람이 천한 사람에게 오만하고, 간사한 자들이 어리석은 자들을 속이기 때문에 다양한 문제가 생겨난다고 설명한다. 그는 이를 해결하기 위해 다른 나라를 자기 나라 보듯이 하고, 다른 가문을 자신의 가문 보듯이 하며, 다른 사람을 자기 보듯이 하는 관계를 만들어나가야 한다고 말한다. 이는 나아가 상리(相利)의 관계로 이어진다. 상리란 개인의 태도나 윤리적 차원을 넘어 제도적, 구조적 변화를 통해 서로 이익이 될 수 있음을 나타내는 말이다. 즉, 겸애란 개개인의 윤리적 태도와 사회 전체의 구조적 뒷받침을 통해 세상의 모든 사람을 차별 없이 사랑하는 정신이라고 볼 수 있다.

앞에서 살펴본 그의 비공 사상은 일종의 공리주의 철학에 가깝다. 묵자는 당대의 많은 중국 사상가가 그랬듯 하늘이 우주 만물을 다스리고 인간의 길흉화복을 주관한다고 생각했다. 묵자의 하늘은 정의를 사랑하고 불의를 싫어한다. 그 때문에 어진 사람들은 천하의 이익을 늘리고 해로움을 줄이는 데 집중해야 하며, 통치자들 역시 자신이 다스리는 나라를 부유하게 만들기 위해 최선을 다해야 한다. 이런 점에서 전쟁은 세상을 피폐하게 하며 인구를 큰 폭으로 감소시키는 악(惡) 중의 악이다. 우리는 어떤 이유에서든 전쟁을 막기 위해서 최선을 다해야 한다. 그는 이를 다음과 같이 설명했다.

"이제 만승의 나라가 수천의 빈 성을 빼앗았다면 그 수천 개의 성 모두에 입성하기 어렵고, 수만 리에 달하는 넓은 땅을 빼앗았다면 그 넓은 땅을 모두 다스리기가 어렵다. 이처럼 땅은 남아돌고 백성은 부족하다. 백성들의 생명을 바치고 모든 사람들을 도탄에 빠뜨리면서 하는 일이 고작 빈 성을 빼앗는 것이라면 이것이야말로 부족한 것을 버리고 남아도는 것을 소중하게 여기는 것이다. 정치가 이러한 것이라면 그것은 국가가 할 일이 아닌 것이다."

일부 사람들은 그의 이런 의견에 사례를 들어 반박하기도 했다. 작은 제후국에서 시작한 제나라와 진나라가 강대국으로 발전할 수 있었던 것은 전쟁을 통해 영토를 확장했기 때문이라는 거다. 하지만 묵자는 "만 명에게 약을 써서 겨우 서너 명 효험을 보았다면, 그 약을 준 의사는 좋은 의사가 아니다. 그리고 그가 준 것은 약이라고 할 수도 없다. 그런 약을 당신의 부모님께 드리겠는가?"라며 이를 단호하게 반박한다. 즉, 그는 일부 전승국의 부귀영화만 볼 것이 아니라, 수많은 패전국의 비극과 아픔을 살펴보아야 한다고 생각했던 거다.

그럼 겸애와 비공을 실천하기 위한 구체적 방법은 무엇일까? 묵자는 그 해법으로 절용(節用)을 제시한다. 절용이란 과소비를 없애는 것이다. 땅과 재물을 빼앗아 세력을 확장하는 데 골몰하기보단 쓸데없는 비용을 줄임으로써 부를 늘리고 백성의 수고를 덜어야 한다는 거다. 그는 이를 위해 장례 절차를 간소화하고, 허례허식을 없애야 한다고 주장했다. 또한 옷이란 추위와 더위를 피할 수 있으면 충분하고, 음식은 체력을 유지할 수 있으면 충분하며, 가옥은 비바람을 막을 수 있으면 충분하다고도 말했다. 물론 묵자가 이를 자신의 삶 속에서 실천한 것은 당연하다.

쉽지 않아도
손 놓지 말아야 하는 이유

전쟁의 주요 격전지 중 하나인 우크라이나의 수도 키이브에는 제2차 세계대전 승리를 기념하는 전승기념탑이 있다고 한다. 우리는 승리를 기념하는 탑이라면 흔히 군인들이 고지를 점령하고 멋지게 깃발을 꽂는 모습 같은 걸 떠올린다. 하지만 이곳의 전승기념탑은 조금 다른 모습이다. 언덕 위에 팔 벌리고 서 있는 어머니의 모습으로 만들어졌기 때문이다. 왜 이런 모습으로 승리를 기념하는 탑을 만들었을까? 그들은 이렇게 설명한다. 전쟁에서 승리했다는 것은 아들이 죽지 않고 돌아왔다는 의미이며, 전장에서 돌아오는 아들을 맞이하기 위해 높은 언덕에서 기다리는 어머니의 모습이 그 환희의 순간을 가장 잘 나타내기 때문이라고 말이다.

누군가는 묵자의 사상을 보며 이렇게 생각했을지도 모른다. '그건 너무 이상적인 것 같다'라고, '인류가 수천, 수만 년 동안 하지 못한 겸애를 어떻게 실천할 수 있겠나?'라고 말이다. 만약 그렇다면 그 시선을 잠시 '묵자의 삶'으로 돌려보는 건 어떨까? 타인에게 겸애를 강요할 수는 없더라도 나 스스로는 그런 삶을 살기 위해 노력할 수 있으니 말이다. 묵자처럼 크고 거창한 실천이 아니어도 좋다. 환경을 조금이라도 보호하려 '용기내' 포장을 하고, 이웃을 배려해 소음을 조금이나마 줄이는 삶. 전쟁과 가난으로 고통받는 사람들을 위해 군것질 비용을 아껴 기부하는 삶. 우리 그런 삶부터 시작해보자. 변화란 결국 작은 실천에서 시작되는 것이니, 그리고 어쩌면 그런 작은 변화들이 모여 전쟁터에서 고통받는 수많은 사람을 가족의 품으로 되돌아오게 만드는 건지도 모르니 말이다.

5.

나를
온전히

아끼는
태도

자신을 잘 살피지 않는
사람은 불행하다

"다른 사람의 정신 속에서
무슨 일이 일어나고 있는지를 잘 살피지 않았다고
사람이 불행해지는 경우는 거의 없지만,
자기 정신의 움직임들을 주의 깊게 살피지 않는 사람은
반드시 불행해진다."

—

아우렐리우스

SNS가 일상으로 들어온 뒤부터는 24시간 엄친아들과 사는 기분이다. 어쩜 다들 그렇게 잘나고, 멋지고, 행복하게 사는 건지. 어느새 이 세상은 온통 파티와 기념일 가득한 곳으로 변해버린 것 같다. 물론 나만 쏙 빼놓고 말이다. 친구들은 주말만 되면 온갖 '힙'으로 무장한 삶을 살기 시작했고, 졸업 후 연락 끊겼던 선배와 후배, 동기들은 전 세계 곳곳을 누비며 장기 휴가와 원격근무를 즐기는 디지털 노마드가 되었다지 아마. (아니, 혹시 오늘 나만 출근한 거야?)

문제는 그들의 멋진 일상이 영화나 광고 속의 '그것'과는 조금 다른 느낌으로 우리에게 다가온다는 데 있다. SNS는 우리가 기존의 대중매체에서 보던 것보다 훨씬 가까운 모습으로 대상을 보여준다. 특별한 외모를 가진 사람을 골라 최상의 분장, 조명, 편집 상태를 보여주는 것이 아니라, 나와 다를 것 없어 보이는 사람이 누리는 '일상 같은' 모습을 보여준다는 얘기다. 저 멀리 중동의 만수르가 어제 1조를 벌었든 10조를 벌었든 무슨 상관인가. 하지만 그 소식이 내 주변에서 벌어진 일이라면 이야기가 달라진다. 아니, 그렇게 크고 거대한 성공이 아니어도 된다. 수도권

외곽에 작은 집 한 채 마련한 친구의 소식, 주식과 비트코인으로 꽤 짭짤한 수익을 얻은 대학 선배의 이야기, 누구보다 평범했지만 잘 키운 채널 하나로 퇴사에 성공한 어느 유튜버의 브이로그만으로도 나를 질투심에 불타게 하기는 충분하니 말이다.

그곳에 전시된 삶들이 나를 우울하고 위축되게 만든다는 사실은 나도 잘 안다. 그들의 삶이 '진짜'가 아니라는 사실도 말이다. 하지만 정신 차려보면 또다시 그곳에 접속해 새로 고침을 반복 또 반복하고 있는 나 자신을 발견하게 된다. 타인의 일상을 염탐하고 시샘하는 삶에 '중독'되어버린 거다. 아아, 우리는 대체 어떻게 해야 남의 생각과 시선, 행동에 흔들리지 않는 삶, 남과 무작정 비교하지 않는 삶을 살아가게 될까?

황제의 자리에 걸맞은
인물이 되고 싶었던 사람

여기 한평생을 오롯이 '나'로 살아간 인물이 있다. 바로 기원후 121년에 태어난 로마의 제16대 황제 마르쿠스 아우렐리우스다. 그는 '팍스 로마나'라고 불리는 고대 로마의 최전성기를 이끈 오현제 중 한 명이며, 스토아학파의 대표적인 철학자이자 《명상록》의 저자로도 유명한 인물이다.

마르쿠스는 어린 시절부터 정직하기로 유명했고, 학업 성취도 뛰어났다. 선대 황제인 하드리아누스는 이런 마르쿠스의 잠재력을 알아본 사람 중 한 명이었다. 두 사람은 함께 사냥 다니기를 즐겼으며, 황제는 마르쿠스에게 아주 진실한 사람이라는 의미인 베리시무스(Verissimus)라는 별명을 붙여주기도 했다. 나이와 지위를 뛰어넘은 우정을 쌓아가던 두 사람. 하드리아누스는 아들이 없어 후계자 선정에 골머리를 앓던 중 마르쿠스를 떠올린다. 그는 마르쿠스가 17세가 되던 해에 마침내 생각을 실행에 옮긴다. 마르쿠스를 황제로 만들기로 결심한 것이다.

때는 138년 2월, 하드리아누스는 계획을 차근차근 진행해나가기 시작했다. 마르쿠스를 양자로 들이는 조건으로 거의 동년배나 다름없었던 안토니누스 피우스를 자신의 후임자로 지정하였으며, 마르쿠스에게는 황실에서 받을 수 있는 최상의 교육 프로그램을 제공한 거다. 마르쿠스의 지위도 빠르게 높아졌다. 19세에는 로마에서 가장 높은 공직인 집정관에 올랐으며, 24세가 되던 해에는 집정관에 재선출된 것이다. 그리고 40세가 되던 해인 161년, 드디어 황제의 자리에 오르게 된다.

하지만 마르쿠스가 이 결정을 무턱대고 반긴 것은 아니다. 황실에 공식 입양되었다는 사실을 알았을 때, 그는 주변의 예상과 달리 매우 슬퍼했다. 남들 같으면 양손 들고 반길 행운이 자신에게 벌어진 건데 도대체 왜 그는 이런 반응을 보였던 걸까? 누군가가 마르쿠스에게 그 이유를 묻자, 그는 지금까지 황제들이 저지른 악행을 줄줄이 읊었다고 한다. 마르쿠스는 어린 시절부터 그저 권력을 원한 것이 아니라, 황제의 자리에 진정으로 어울리는 사람이 되고 싶었던 거다.

●

황제 행세를 경계한
황제

우여곡절 끝에 황제가 된 마르쿠스에게는 끊임없이 고난이 닥쳤다. 우선 재임 초기인 165년부터 180년까지 약 15년 동안 안토니누스 역병이 돌았다. 극동에서 발생한 이 전염병은 국경을 넘어 전 세계에 영향을 미쳤다. 물론 로마도 이를 피해 갈 수는 없었다. 하루에 2,000명 넘는 사망자가 발생하기도 했으며, 누적 사망자는 최소 500만 명 이상이었던 것으로 보인다. 엎친 데 덮친 격으로 국경 바깥 이민족들의 침입, 외곽 지역의 반란도 이어졌다. 마치 마르쿠스의 자질과 인내심을 시험이라도 하는 것처럼 말이다.

하지만 마르쿠스는 굴하지 않았다. 역병이 창궐한 도시에 남아 시민들을 안심시켰으며, 전쟁이 벌어지면 늘 앞장서서 전선으로 향했다. 전쟁과 전염병으로 국고가 바닥나자 황실 소유의 장식품을 팔아 이를 충당했다. 시민들에게 세금을 늘리거나 주변 식민지로부터 돈을 더 걷는 쉬운 길을 포기한 거다. 그는 스스로 이런 다짐의 글을 적었다. "황제 행세를 하려고 하지 말고,

황제 노릇에 물들지 않도록 조심하라. 권력에 물들면 폭군이 되기 쉽다. 그러니 늘 소박하고, 선하며, 순수하고, 진지하며, 단호하고, 정의를 수호하고, 신을 경외하고, 친절하고 애정이 넘치는 자세로 자신에게 주어진 임무를 과감하게 행하라. 철학이 추구하는 이상적인 사람으로 남기 위해 애쓰라."

이런 노력에도 고난은 쉽게 끝나지 않았다. 가장 신뢰했던 친구인 아비디우스 카시우스가 마르쿠스가 세상을 떠났다는 가짜 뉴스에 속아 반란을 일으켰던 거다. 마르쿠스는 이 소식을 듣고 그 즉시 동방의 속주로 향했다. 그의 목적은 반란을 진압하고 그 우두머리를 처형하는 것이 아니었다. 오히려 그와 친구로 남음으로써 신뢰를 깨뜨린 상대와도 함께할 수 있음을 보여주고자 했을 뿐이다.

하지만 마르쿠스가 살아 있다는 사실을 알게 된 반란군은 크게 흔들렸고, 결국 카시우스는 그의 부하에게 살해당하고 말았다. 슬픔에 잠긴 마르쿠스는 남은 반란군을 관용으로 대했다. 머리가 잘린 카시우스의 시신 보기를 거부한 채 그를 묻어주라고 명했으며, 그의 쿠데타를 도운 몇몇 원로원 의원들도 너그럽게 처분했다. 쿠데타 과정에서 카시우스가 주고받은 모든 서한을 불태웠으며, 반란자들에 대한 과도한 유혈 보복도 금지했다.

후대 역사학자인 헤로디아누스는 마르쿠스를 이렇게 평가했다. "철학 이론에 관한 지식이 아닌, 흠 없는 성품과 온건한 삶의 방식으로 철학의 가르침을 증명한 유일한 황제"라고 말이다.

너 자신으로
돌아가라

그럼 그는 대체 어떤 인생관과 리더십을 바탕으로 사고했을까? 아마도 그의 사상을 한 문장으로 정리하면 이렇게 표현할 수 있을 것 같다. 바로 "너 자신이 되어라"라고 말이다. 그는 수많은 어려움 속에서도 자기 자신을 잃지 않기 위해 노력했다. 끔찍한 전염병이 돌 때도 두려워하지 않았으며, 배신을 당했을 때도 격정에 사로잡히지 않았다. 아내와 여러 명의 자식을 잃는 비극 속에서도 무너지지 않았으며, 늘 선한 사람이 되어야 한다고 가슴 깊이 되새겼다. 이렇게 말이다.

"외부 환경으로 인해 불안해지고 혼란스러워진다면, 신속하게 너 자신으로 돌아가라. 불안과 혼란에 필요 이상으로 노출되지 말라. 끊임없이 너 자신으로 돌아간다면 네가 처한 환경을 더 잘 다스리게 될 것이다."

그리고 그는 이런 삶을 살아가기 위해 밤낮없이 수양하고 성찰했다. 그는 자신의 생각과 경험에 더해, 선대 철학자들의 이야기를 끊임없이 적어 내려갔다. 크리시포스의 명언을 적었으며, 제논의 글을 따라 썼고, 에픽테토스의 수양법과 아리스토파네스의 시를 필사했다. 더불어 자신이 사색한 과정과 그 결과를 적었으며, 가족에게 배운 예의와 겸손함을 기록했고, 좋은 사람들을 만날 수 있게 해준 신을 찬양했다. 그는 이렇게 말했다.

"네 마음을 즐겁고 기쁘게 하고자 한다면, 함께 어울리는 사람들의 좋은 점을 떠올려보라. 예를 들면 이 사람은 활력이 넘치고, 저 사람은 겸손하며, 또 한 사람은 너그럽고, 또 다른 사람은 어떤 좋은 점이 있는지 생각해보라. 우리가 함께 살아가는 사람들의 성품 속에서 다양한 미덕을 많이 발견할 수 있다. 이런 점을 생각할 때처럼 즐겁고 기쁜 순간은 없다."

이런 깨달음이 그저 생각으로만 머물러서는 안 된다. 마르쿠스는 이를 행동으로 바꾸기 위해 끊임없이 노력했다. 평생 황제답지 않은 소박한 삶을 유지했으며, 추위에 덜덜 떨면서도 항상 최전선에 나갔다. 황제의 금고를 열어 채무자들의 빚을 탕감해주었으며, 거리로 나와 전장에서 돌아온 황제를 반기는 시민들에게 감사의 선물을 잊지 않았다.

이런 기준은 타인을 대할 때도 마찬가지였다. 자신의 기준에 맞춰 속단하거나 불가능한 일을 기대하지 않았다. 개개인의 강점을 살려주기 위해 노력했으며, 약점을 찾아 품어주기를 주저하지 않았다. 자신의 말에 동의하지 않는 것을 잘못으로 여기지 않았으며, 필요하다면 끊임없는 토론과 논의를 통해 최대한의 의견 합치를 이끌어냈다.

물론 마르쿠스도 매번 옳은 결정만을 했던 것은 아니다. 기독교인을 박해했으며, 노예 제도 폐지의 필요성을 고민하지 않았다. 제국의 유지와 번영을 핑계로 수많은 전쟁을 일으켰으며, 능력과 인성이 부족한 아들에게 왕위를 계승했다. 참고로 황제가 된 그의 아들 콤모두스는 네로 황제와 더불어 로마의 암흑기를 대표하는 인물로 손꼽힌다. 로마 역사상 가장 뛰어난 황제로 손꼽히는 마르쿠스조차도 시대의 한계, 인간 본연의 한계를 뛰어넘지는 못했던 거다.

그럼에도 그가 자신의 기준과 잣대를 가지고 살아가기 위해 노력했다는 사실, 백성들을 위해 이전 세대의 누구보다도 많은 희생을 감수했던 인물임을 부정할 수는 없다. 또한 그 힘이 끊임없이 '나'로 돌아가기 위해 노력한 마르쿠스 자신에게 있다는 사실도 부정할 수 없을 테고 말이다.

●

다시, 너 자신으로
돌아가라

그럼 처음의 질문을 다시 생각해보자. 우리는 대체 어떻게 살아야 하는 걸까? 삶에는 나를 '나'로 살지 못하게 만드는 일투성이다. 우선 대중매체와 SNS에는 잘 먹고, 잘 살고, 행복하기만 한 사람투성이다. 굳이 똑같은 표현, 똑같은 내용이 아니더라도 그곳에는 "이렇게 살면 성공한다" "이런 것도 해야 너도 좀 행복해질 거야" "나처럼 살아야 돼" 같은 메시지들이 넘쳐난다.

한편 주변 사람들은 걱정과 염려를 핑계 삼아 우리를 옥죈다. "내가 해봐서 아는데" "아니, 남들은 그렇게 안 한다니까?" "그게 얼마나 힘든지 너는 몰라"라며 말이다. 공부 잘해서 좋은 대학 가고, 취업준비 잘해서 대기업 들어가는 것. 남들보다 늦지 않게 예쁘고 잘생긴 배우자 만나서 아기 낳고 오순도순 사는 것. 내가 원하는 삶, 내가 가고 싶은 방향은 중요하지 않다. 그런 삶이 그들이 말하는 '행복한 삶'이자 '표준의 삶'이기 때문이다.

마르쿠스는 갈팡질팡하는 우리를 보며 아마도 이렇게 말할 것 같다. "다시 너 자신이 되어라." 지금 만약 흔들리고 있다면, 잠시 외부의 자극과 평가, 비교에서 벗어나 오롯이 나에게 집중해보자. '나라면' 이 순간 어떤 선택을 할 것인지, '나라면' 어떤 가치를 더 중요하게 여길지 말이다. 의외로 답은 쉽게 내려질지도 모른다. 그 답은 다른 누구의 결정도 아닌, 나를 위한 '나의 답'일 테니 말이다.

생각

나의 존재를
증명하는 것은?

"어디에서든 내가 만나게 되는 것들에 대해
스스로 깊이 생각해본 뒤.
그것으로부터만 무언가를 알아내기로 결심했다."
—

데카르트

꿈을 꾸다 보면 가끔 '이게 정말 현실인가?' 싶을 때가 있다. 너무 이상한 거다. 분명 걷고 있는데 걷고 있는 것 같지 않고 주변의 사물과 사람들이 그저 휙휙 지나가는 것처럼 느껴진다거나, 분명 바닥에 붙어 있어야 할 것들이 내 눈앞을 둥둥 떠다니며 내 상식(?)의 물리학을 벗어난 모습들이 보이기 때문이다. 이뿐일까. 현실에서 고민했던 문제들이 한 번에 모두 해결된다거나 걷잡을 수 없이 나빠진다면 이 경우에도 꿈이 아닌지를 의심해보아야 한다. 알다시피 우리가 살면서 어떤 일이 하루아침에 바뀌는 것을 마주하는 경우는 그리 많지 않기 때문이다.

　문제는 우리가 꿈에서 겪는 대부분의 상황을 의심 없이 받아들인다는 데 있다. 말도 안 되는 높이의 건물 위를 거침없이 뛰어다녀도, 머리 다섯 달린 괴물이 날 죽일 듯 쫓아와도, 말도 안 되는 업무 강도가 날 엄습해와도(참고로 이건 꿈이 아니라 현실일 가능성이 높으니 주의하자) 우린 그 꿈을 그저 '현실'이라 여기며, 있는 그대로 받아들인다.

　그러다 보니 꿈에서 수만 가지 일을 겪고 현실로 돌아온 뒤에도, 종종 의심이 든다. 과연 내가 살아가는 이 세계는 현실인 걸까? 이게 현실이라면 (혹은 현실이 아니라면) 나는 그 사실을 어떻게 알 수 있지? 아니, 내가 '존재'하는 것은 정말 '사실'일까?

●

데카르트,
꿈을 꾸다

서양 근대 철학의 아버지라 불리는 르네 데카르트는 1596년 프랑스 투렌의 소도시 라에유에서 태어났다. 그의 아버지는 부유한 시의원이자 법률가였으며, 어머니는 데카르트가 태어난 지 1년 2개월 만에 폐결핵으로 세상을 떠났다. 그도 어머니를 닮아서 무척 허약한 편이었다고 알려진다. 그의 이름인 르네마저 '죽음의 문턱까지 갔다가 다시 태어났음'을 뜻한다고.

가족의 정성 어린 보살핌을 받은 그는 열 살이 되던 해 기숙학교에 입학했다. 그가 다닌 학교는 예수회 계열의 규율이 매우 엄격한 곳이었는데 데카르트는 건강상의 이유로 여러 특혜를 받았다고 한다. 그중 하나가 잠을 마음대로 잘 수 있는 권리였다. 데카르트의 영특함을 알아본 교장이 규율을 무리하게 따르다 되려 건강을 해치는 것을 염려하여 제공해준 배려였다. 물론 이를 마뜩잖게 여기는 사람들도 있었지만, 그의 재능만큼은 부정할 수 없었다. 수업에 다 참석하지 않았음에도 재학 기간 내내 대부분의 상을 휩쓸 정도였다고 하니 말이다.

학교를 졸업한 뒤, 그는 아버지의 뜻에 따라 법률가가 될 준비를 하기 시작했다. 푸아티에 대학에서 법률을 전공하게 된 것이다. 하지만 이즈음 이미 그의 성향은 '사' 자 직업과는 거리가 멀어진 지 오래였다. 대학을 졸업하고 2년 가까이 제멋대로 생활하던 그는 엉뚱하게 군인이 되겠다며 훌쩍 떠나버렸다. 그가 군인의 길을 선택한 것은 자신의 호기심을 해결하기 위해서였다. 당시는 유럽 세계가 신교와 구교로 나뉘어 이른바 '30년 전쟁'을 치르던 시기였다. 병영생활을 통해 양 진영의 입장을 들어보고, 이들의 삶도 직접 경험해보겠다는 것이 그의 생각이었다.

그는 훗날 이 시기를 다음과 같이 회상한다. "내 스승들에게서 해방되는 나이가 되자, 나는 학교 공부를 집어치웠다. 그러고는 나 자신 속에서 발견할 수 있는 학문과 세상이라는 커다란 책 속에서 발견할 수 있는 학문 이외의 어떤 학문도 찾지 말자고 다짐했다. 그때부터 남은 청년 시절 동안 여행하면서 이곳저곳의 궁전과 군대를 관찰하고, 온갖 기질과 신분을 가진 사람들을 방문했다. 그러는 동안 갖가지 경험을 쌓으면서 운명이 내게 주는 여러 사건 속에서 스스로를 시험하려 했고, 내 앞에서 벌어지는 온갖 일에서 어떤 유익함을 얻을 수 있는지 반성해보았다."

경험과 사유를 반복하던 그는 어느 날 숙영지에서 꿈을 꾸게 되었다. 총 세 가지 꿈으로 그 내용은 다음과 같다. 우선 첫 번째는 귀신을 피해 대학 안으로 도망쳐 들어갔지만 알 수 없는 힘에 의해 거리로 다시 내쳐지는 꿈이었다. 두 번째는 거대한 폭풍과 마주한 뒤 이를 과학적인 방법으로 분석하는 꿈이었으며, 세 번째는 탁자에 놓인 사전과 "나는 어떠한 삶을 살아야 한단 말인가!"라는 문구가 적힌 책을 응시하는 꿈이었다. 그는 이 세 번의 꿈이 자신을 학문과 지혜를 추구하는 삶으로 인도했다고 결론지었다. 그리고 프랑스로 돌아가 가족들에게 학문을 탐구하겠다는 뜻을 전한 뒤, 유산을 미리 상속받아 평생의 생계문제까지 해결해버렸다.

●

나는 생각한다
고로 나는 존재한다

그렇다면 데카르트는 대체 어떤 사상을 펼쳤기에 '근대 철학의 아버지'라는 수식어를 얻게 되었을까? 그는 기존의 철학을 적당한 선에서 수정, 보완하는 것이 아닌, 사상의 '전복'을 시도했다. 밑바닥부터 체계를 새로 세움으로써, 중세시대의 사상적 주축인 신학과 비이성적 사유가 도달하지 못했던 '진짜 지식'을 향해 나아가려 했던 것이다.

그는 자신의 목표를 달성하기 위해 네 가지 규칙을 세웠다. 우선 첫째는 '명증성의 규칙'이다. 분명하게 참인 것만 받아들인다는 것이 그 내용이다. 둘째는 '분해의 규칙'이다. 검토하기 쉽도록 가능한 한 작은 부분으로 나누겠다는 것이다. 셋째는 '종합의 규칙'이다. 단순하고 알기 쉬운 것부터 시작해서 계단을 오르듯 조금씩 복잡한 것에 다가가야 한다는 것이다. 마지막 넷째는 '열거의 규칙'으로 아무것도 빠뜨리지 않았다는 확신이 들 때까지 끊임없이 점검해야 한다는 뜻이다.

데카르트는 이 네 가지 규칙을 바탕으로 모든 가능성을 하나도 빠짐없이 점검하여 '의심할 것이 전혀 없는 지식'을 얻어내기로 했다. 얼마나 철두철미했는지 심지어는 우리가 알고 있는 것들이 사실은 모두 꿈이거나 악마에게 속고 있는 것일 수 있다는 가설까지 세웠을 정도다.

의심, 의심, 또 의심을 거듭한 뒤, 그는 마침내 절대로 의심할 수 없는 한 가지 사실을 발견하게 되었다. 바로 "내가 생각하고 있다"라는 사실을 말이다. 이를 조금 더 살펴보자. 앞서 살펴본 것처럼 우리는 지금 꿈을 꾸고 있는 것(아마도 여러분은 이 책을 읽고 있다는 꿈을, 저자인 나는 이 책을 쓰고 있다는 꿈을 꾸고 있을 것이다. 물론 저자인 내 입장에서 이게 꿈이라면 그건 악몽일 거고 말이다)일 수 있다. 하지만 꿈을 꾸고 있는 내가 있다는 사실은 부정할 수 없다. 또한 악마에게 속고 있다고 하더라도 속고 있는 내가 있음은 의심할 수 없는 사실이다. 데카르트는 세상에서 가장 확실한 사실을 확인한 뒤, 이를 바탕으로 서양철학사상 가장 유명한 명제를 이끌어낸다. 바로 "나는 생각한다. 그러므로 존재한다(Cogito ergo sum)"라는 명제를 말이다.

네오,
꿈에서 깨다

꿈 또는 가상세계와 현실에 관한 이야기와 나의 경험이 실은 거짓일 수도 있다는 의심은 비단 철학자만의 것이 아니다. 우리는 이런 아이디어를 바탕으로 만들어진 작품을 끊임없이 만나왔다. 그중에서도 가장 대표적인 작품이 바로 영화 〈매트릭스〉다.

워쇼스키 형제(참고로 지금은 두 사람 다 성전환 수술을 받아서 자매가 되었다)가 만든 이 작품은 서기 2199년을 배경으로 한다. 인공 두뇌를 가진 컴퓨터가 세상을 지배하는 시기, 인간들은 태어나자마자 AI가 만들어낸 인공 자궁 속에 갇혀 AI를 가동하는 에너지원으로 사용되고 있다. 그렇다고 AI가 인간을 아무런 의식도 없는 상태로 놔둔 것은 아니다. '생각'만으로 경험한 것처럼 느끼게 만드는 일종의 메타버스 세계인 '매트릭스'에 이들을 가둬둔 것이다. 사람들은 1999년으로 설정된 매트릭스 세계에 갇혀 평생을 살아간다. 이들이 보고 듣고 만지는 모든 것들은 그저 착각에 불과하다. 자신의 경험이 모두 악마에게 속고 있는 것일지도 모른다고 보았던 데카르트의 '의심'이 이들에게는 현실이 되어버린 것이다. 이는 마치 데카르트의 《성찰》 속 한 구절을 떠오르게 한다.

"이제 나는 나를 속이기 위해 온 힘을 다했던 자가 가장 선한 신, 진리의 원천이 아니라, 사특한 정령, 더없이 유능하고 교활한 자라고 가정하리라. 하늘, 공기, 땅, 빛깔, 모양, 소리 및 모든 외적인 것은 그가 나의 믿기 쉬운 마음을 함정에 빠뜨리기 위해 준비한, 꿈이라는 속임수일 뿐이라고 생각하리라. 나는 손, 눈, 살, 피, 어떤 감각 기관을 지니고 있는 것이 아니라, 그저 내가 이 모든 것을 지니고 있다는 그릇된 의견을 가지고 있다고 여기리라."

　　의심을 거친 데카르트는 우선 생각하는 나의 존재만을 확인했지만, 영화적 상상력은 그 너머를 이야기한다. 매트릭스라는 가상세계의 바깥, 그곳에는 꿈에서 깨어난 사람들이 있다. 역사상 가장 위험한 인간으로 알려진 모피어스 그리고 함께 AI에 맞서 싸우는 동료들. 이들의 목표는 인류를 AI의 지배로부터 구원할 '그(the One)'를 찾는 것이다. 광케이블을 통해 매트릭스에 침투한 이들은 마침내 '그'를 발견한다. 매트릭스 세계 안에서 컴퓨터 프로그래머로 활동하는 토머스 앤더슨 말이다. 낮에는 평범한 회사원으로, 밤에는 '네오'라는 이름의 해커로 활동하는 그는 모피어스와 동료들을 만나고 마침내 매트릭스 바깥의 현실과 마주하게 된다.

데카르트,
빨간 약을 삼키다

네오를 만난 모피어스는 그가 보는 세상이 잘못되었다고 말한다. 그가 노예라는 진실을 못 보도록 그들이 눈을 가리고 있다며 말이다. 그리고 두 가지 색의 알약을 꺼내 네오 스스로 선택하도록 한다. 진실을 보지 못하고 거짓의 세계에서 평범한 일상을 보내도록 하는 파란 약과 거짓의 세계를 벗어나 진짜 세계를 볼 수 있도록 하는 빨간 약을 건넨 것이다. 물론 주인공인 네오는 빨간 약을 선택한다.

데카르트는 말하자면 이 빨간 약을 고른 철학자였다. 데카르트 이전의 시기, 그러니까 중세 때는 종교 중심의 사고관이 세계를 지배하고 있었다. 이들에게 인간 역사의 굵직한 선택과 의미 있는 변화는 모두 신의 뜻에 의해 이루어졌을 뿐이며, 세상의 진리를 보여줄 수 있는 것은 신과 대화할 수 있는 성직자뿐이었다. 데카르트가 살아간 시기는 가톨릭과 프로테스탄스의 신학자들이 말하는 진리가 충돌하고, 그 충돌이 전쟁으로까지 번져간 시기였다. 그가 실제로 참전했던 30년 전쟁은 이들 양 진영이 충돌한 대표적 사건이었다. 가톨릭과 프로테스탄트 진영 모두 자신들의 신앙과 교의가 '진리'라며 상대방을 공격했던 것이다.

사람들은 점차 의심하기 시작했다. 아니, 세상에 진리가 둘이라니. 진리를 말하는 저 사람들의 행태가 저렇게 추악할 수 있다니 말이다. 물론 "그럴 수도 있다"라며 넘어갈 수도 있었겠지만, 데카르트를 비롯한 여러 지식인은 양 진영의 논리를 넘어 신앙 중심의 중세적 가치관 자체를 전복할 무언가를 찾고자 분투하게 된다.

데카르트가 인간을 '생각하는 존재'로 규정한 것은 인간 존재의 주체성을 강조하기 위한 그 나름의 방법이었다. 이 주장은 자못 의미심장하다. 만약 우리가 살고 있는 이곳이 신이 없는 세계 혹은 악마가 우리를 속이기 위해 만든 세상이라 할지라도 내가 '존재하고 있다'라는 사실만큼은 결코 의심할 수도, 부정할 수도 없다는 이야기이기 때문이다. 데카르트는 이 의심할 수 없는 사실에서 시작해 신학자와 성직자들이 알려주지 않는, 아니 알려주지 못하는 '진짜 진리'에 다다르고자 했다.

●

후대 철학자들에
끼친 영향

그렇다면 데카르트는 마침내 그 '진리'에 도달했을까? 그는 자신이 깨달은 '생각하는 인간'이라는 출발점에서 대체 어디까지 나아갔을까? 궁금해할 여러분을 위해 결론부터 말하자면, 그는 그 출발점에서 한 발짝도 나아가지 못했다.

데카르트는 자신이 결론 내린 확실한 사실을 바탕으로 신의 존재를 규명하고자 한다. 그 증명 과정은 다음과 같다. 생각하고 있는 '나'의 존재는 의심할 수 없다. 따라서 생각하고 있는 내 안의 관념 또한 의심할 수 없다. 나에겐 완전성을 가진 신에 대한 관념이 있다. 그런데 나는 불완전한 존재이다. 불완전한 존재가 완전한 것을 상상하거나 만들어낼 수는 없는 노릇이다. 그러므로 완전성을 가진 신에 대한 생각은 신에게서 나올 수밖에 없다. 따라서 신은 존재한다.

어떤가? 앞서 '생각하는 존재'를 증명하던 모습보다 뭔가 조금 엉성하게 느껴지지 않는가? 그 역시 무언가가 아쉬웠는지 해당 증명이 담긴 책《방법서설》을 출간한 직후 친구에게 다음과 같은 내용의 편지를 보냈다. "신의 존재에 관한 몇 페이지는 이 책에서 가장 중요한 부분이지만, 한편으로는 가장 숙련되지 못한 부분이기도 하네. 그 때문에 나 역시 마지막에 출판사에서 독촉받을 때까지도 이를 보완해야 할지 말아야 할지 선뜻 결심하지 못했네."

그의 진심이 무엇이었는지는 모르지만, 자신의 철학이 신 중심의 사고관을 벗어나 합리적인 사고의 '과학적 방법론'에 기반을 두고 있음을 알아챈 것만은 분명하다. 그 때문에 아직 종교 권력이 막강하던 시대를 살아가기 위해 그는 일종의 생존 방편(?)으로 이런 살을 붙였을지도 모른다.

어찌 됐든 생각하는 인간과 이성의 역할을 강조한 그의 철학은 스피노자, 칸트, 헤겔 등 당대 및 후대의 수많은 철학자에게 영향을 미쳤다. '생각하는 나'를 발견한 최초의 인물이자 '합리적 사고'의 토대를 마련한 인물로서 근대 서양문화 성립의 초석을 마련한 이가 바로 데카르트였던 것이다.

마음

나는 어떤 마음을 가지고
살아야 하는가

"사람은 모두 남에게
차마 모질게 하지 못하는 마음을 가지고 있다."
—

맹자

중학교 때였나, 아니면 초등학교 때였나? 인간의 본성이 선한지 악한지를 논하는, 어쩌면 뻔하디뻔한 학급 토론 시간이었다. '악'하다는 편에 선 어느 친구가 《파리대왕》이라는 소설을 예로 들며 자기 주장을 펼쳤던 기억이 난다. 당시 내 기준에서는 꽤 충격적이었던 소설의 내용은 이렇다.

핵전쟁이 벌어진 세상, 한 무리의 소년들을 안전한 장소로 후송하는 공수 작전이 전개된다. 하지만 이들을 태운 비행기는 적군의 요격을 받아 격추되고, 소년들은 가까스로 태평양의 어느 무인도에 불시착하게 된다. 적게는 다섯 살, 많게는 열두 살에 이르는 이 소년들은 연장자인 랠프의 지휘 아래 생존 방법을 찾고 산꼭대기에 구조를 요청하는 봉화를 올린다. 모든 것이 순조로워 보이던 그때, 문제가 생긴다. 서둘러 오두막을 짓고 봉화가 꺼지지 않도록 지켜야 한다는 랠프와 섬을 돌아다니며 사냥을 하는 것이 훨씬 더 현명한 선택이라고 주장한 잭이 대립한 거다. 결국 소년들은 두 무리로 나뉘어 버린다.

얼마 뒤, 잭과 그의 무리는 멧돼지 사냥에 성공하고 랠프가 이끄는 무리를 잔치에 초대한다. 힘의 균형이 무너져버린 거다. 사냥을 자축하며 춤추던 소년들은 극도로 흥분하고, 어떤 진실을 알리기 위해 잔치 장소로 찾아온 소년 사이먼을 살해하고 만다. 점점 더 잔인해지는 잭과 그의 무리. 이들은 랠프가 이끄는 무리가 더 이상 불을 피우지 못하게 만들려는 의도로 피기의 안경을 훔치고, 결국에는 안경을 돌려달라고 호소하는 피기를 죽이고 만다. 이제는 사냥꾼이 아닌 '야만인'으로 변해버린 아이들. 이들은 랠프마저 살해하기 위해서 무인도를 샅샅이 뒤지기 시작한다. 소년들은 과연 어떻게 될까, 이들은 무사히 섬을 탈출할 수 있을까?

본성에 대한 질문을 받은 우리에게, 인간의 '악함'을 증명할 수 있는 예는 차고 넘친다. 굳이 소설까지 살펴보지 않아도 말이다. 나 혹은 동료가 노력해서 얻은 결실을 마치 자기 성과인 것처럼 포장하는 상사, 남의 아픔이나 속사정 따위 생각하지도 않은 채 혐오와 비난의 악플을 남기는 사람들까지. 주변만 스윽 하고 훑어봐도 '최소한 선하지 않은 것은 확실한' 인간들로 가득해 보이니 말이다. 우리는 대체 어떤 존재일까? 악하고 악한 존재일까, 아니면 우리가 알지 못하는 다른 본성을 가지고 있는 존재일까?

집 옮기고
베 잘라 키운 인물, 맹자

여기 혼란의 와중에 인간의 '선함'을 말한 철학자가 있다. 바로 전국시대 중국의 유학자 맹자(孟子)다. 맹자는 공자가 죽고 약 100년이 지난 기원전 372년경에 태어났다. 이 시기는 수많은 학자와 정치가들이 자기의 학설이나 주장을 자유롭게 발표하고 토론하던 이른바 백가쟁명(百家爭鳴)의 최전성기였다. 맹자는 이 중에서도 공자의 뒤를 이어 유가 사상을 계승한 인물이었다. 공자의 고향 근처인 산둥성 추현 지방에서 태어났으며, 실제 이름은 가(軻)라고 알려져 있다.

그의 생애와 관련해 가장 유명한 이야기는 뭐니 뭐니 해도 맹모삼천지교(孟母三遷之敎)일 거다. 고사에 따르면 맹자와 그의 어머니가 처음 살던 곳은 공동묘지 근처였다. 그런데 어느 날, 맹자의 어머니는 아들이 어디선가 방울 하나를 주워와 이를 흔들며 노는 모습을 발견하게 된다. 상여꾼처럼 곡소리도 내며 말이다. 이를 본 그의 어머니는 "이곳은 자식 기를 만한 곳이 아니다"라며 이사를 결정한다. 중도에 공부를 그만두어서는 안 된다는 의미로 짜던 베를 잘랐다는 단기지교(斷機之敎) 일화도 유명하다. 어느 날 먼 곳으로 유학을 간 맹자가 말 타기를 배우던 중 넘어져 팔을 다쳤다. 어머니와 떨어져 지낸 지도 오래됐던 터라 그는 이를 핑계 삼아 집으로 돌아갔다. 돌아온 맹자를 본 어머니는 그에게 공부는 어떻게 돼가는지 물었다. 맹자가 나아진 것이 없다고 대답하자, 그의 어머니는 갑자기 짜던 베틀의 실을 칼로 끊어버렸다. 맹자가 놀라 그 까닭을 물으니, 어머니는 그에게 "공부를 도중에 중단하는 것은 지금까지 애써 짜던 베를 칼로 끊는 일과 같다"라고 호통을 쳤다. 맹자는 어머니의 가르침을 듣고 크게 깨달아 발걸음을 돌리게 된다.

2,000년도 더 된 이야기이니만큼 사실 여부는 알 수 없지만, 맹자의 어머니가 그를 훌륭한 인물로 길러낸 것만큼은 분명해 보인다. 맹자는 공자의 손자이며 증자(曾子)의 제자이기도 했던 자사(子思) 아래에서 공부했다. 40대에는 추(鄒)나라에서 잠시 관직에 오르기도 했지만, 혼란한 세태에 실망해 자리에서 물러났다. 공자와 마찬가지로 유가의 이상을 실현해보고자 여러 나라를 여행하기도 했다. 이때는 이미 학식과 덕망이 이름을 떨친 뒤라 수백 명의 제자와 행렬이 그를 따랐을 정도였다. 하지만 그의 현실 정치 도전은 실패로 끝나고 만다. 말년이 된 맹자는 자신의 사상을 후대에 전하기 위해 《맹자》를 저술했다.

남의 고통을
차마 보지 못하는 존재

공자를 비롯한 유가의 철학자들은 사람이라면 무릇 인(仁)을 가져야 한다고 생각했다. 인이란 이기심 없이 마땅히 해야 할 도리를 일컫는 말이다. 하지만 맹자 이전의 유가 철학자들은 인을 강조했을 뿐 인을 실천하는 이유를 명확하게 설명하지 않아 많은 사람의 궁금증을 낳았다.

맹자는 이러한 질문에 대답을 주려고 노력한 철학자였다. 그는 인간이 본래 선하다는 성선설(性善說)을 주장했다. 맹자에 따르면 당시에는 인간 본성에 관한 세 가지 학설이 공존했다. 우선 첫째 의견은 인간의 본성이 선하지도 악하지도 않다는 것이다. 맹자와 동시대 철학자인 고자(告子)의 입장이 여기에 속했다. 둘째는 인간의 본성이 선해질 수도 악해질 수도 있다는 것이다. 달리 말해, 인간의 본성에 선과 악의 요소가 모두 들어 있다는 견해라고 볼 수 있다. 마지막 셋째는 어떤 인간의 본성은 선하고 어떤 인간의 본성은 악하다는 주장이다.

맹자의 입장은 이 중 둘째에 가장 가깝다고 볼 수 있다. 그는 기본적으로 인간 본성에는 선의 요소가 있다고 생각했다. 하지만 선하지도 악하지도 않은 요소가 함께 있어 이를 조절하지 못하면 악으로 이끌려질 수 있다고 보았다. 물론 이런 요소는 인간

뿐만 아니라 다른 생물들이 모두 함께 가지고 있는 '동물적' 측면에 가깝다. 그러므로 엄밀히 말해 이를 인간의 본성이라 보기는 어려운 것이다. 그는 다음과 같이 말한다.

"사람은 모두 남에게 차마 모질게 하지 못하는 마음을 가지고 있다. 가령 지금 어떤 사람이 어린아이가 우물에 빠지려고 하는 것을 보았다면 깜짝 놀라고 측은한 마음이 생길 것이다. (이러한 마음이 생기는 것은) 그 어린아이의 부모와 사귀려고 하기 때문이 아니며 마을 사람이나 친구들로부터 칭찬을 듣기 위해서도 아니며 (반대로 어린아이를 구해주지 않았다는) 비난을 싫어해서도 아니다.
이로써 미루어볼진대 측은해하는 마음이 없다면 사람이 아니며, 부끄러워하는 마음이 없으면 사람이 아니며, 사양하는 마음이 없으면 사람이 아니며, 옳고 그름을 가리는 마음이 없다면 사람이 아니다."

맹자는 측은해하는 마음은 인(仁)의 싹이고, 부끄러워하는 마음은 의(義)의 싹이며, 사양하는 마음은 예(禮)의 싹이고, 시비를 가리는 마음은 지(智)의 싹이라고 보았다. 사람에게 이 네 가지 싹이 있음은 마치 사람에게 사지가 있는 것과 같다고 말이다. 맹자가 생각하기에 모든 인간은 착한 본성인 사단(四端)을 가지고 있다. 그리고 이를 토대로 인의예지(仁義禮智)라는 사덕(四德)을 쌓아야 선한 사람이 될 수 있다. 어질고, 의롭고, 예의 있고, 지혜롭게 살기 위해 노력해야 한다는 거다. 아무리 착한 마음을 가졌다고 해도 이를 제대로 다스리지 않으면 잘못된 방향으로 변할 수 있다. 이 덕은 외적 조건의 방해가 없으면 자연히 내적으로 발현되어 나타나게 되어 있다. 마치 작은 씨앗에서 나무가 자라나는 것처럼 말이다.

그런데 대체 인간은 왜 동물적 본능 대신 사단을 가꾸고 확장해나가야 하는 걸까? 맹자는 "이것이 바로 인간과 짐승의 다른 점이기 때문"이라고 설명한다. 다시 말해, 인간이 '인간다워지는 방법'은 오직 사단을 확충하는 길밖에 없다는 것이다.

●

우리는 더
나아질 수 있다

아마 여기까지 읽은 누군가는 이렇게 생각할 거다. '아니, 그래서 어쩌라는 거지? 이건 그저 맹자라는 철 지난 철학자의 생각에 불과한걸. 2,000년도 더 지난 지금 세상이 얼마나 엉망진창으로 돌아가고 있는지 보게 된다면 맹자도 생각을 바꿀지 몰라'라고 말이다.

맹자 또한 혼란한 시대를 살아가며 수도 없이 많은 '악인'과 마주했다. 전쟁의 참상을 눈앞에서 목격했으며, 정치가들은 맹자와 그의 제자들이 가진 유명세를 이용해 자신들의 욕심을 채우려 달려들었다. 그럼에도 맹자가 이런 주장을 했던 것은 인간의 도덕의식을 발현시킬 수만 있다면 모두가 더 좋은 세상에서 살게 될 거라는 굳은 '믿음' 때문이었다. "우리가 사는 세상은 악으로 가득한 것처럼 보인다. 그러나 그건 인간이 원래 그런 존재이기 때문인 것은 결코 아니다. 분명 우리는 타인을 더 배려하고, 더 나은 세계를 만들 수 있다." 이것이 맹자가 하고 싶었던 진짜 이야기라는 말이다.

만약 이 말도 잘 믿기지 않는다면, 정말로 《파리대왕》 같은 일이 벌어진 어느 외딴섬의 이야기를 들어보자. 1965년, 여섯 명의 소년이 무인도에 표류했다. 남태평양 통가에 있는 가톨릭계 기숙학교에 다니던 소년들이 배를 타고 모험에 나섰다가 폭풍우를 만났던 거다. 소년들은 "코코넛 껍질에 빗물을 모아 아침저녁으로 한 모금씩" 나눠 마시며 8일간 표류한 끝에 어느 외딴섬에 도착한다. 그리고 15개월 뒤, 아이들을 발견하고 구조하러 온 선장은 놀랄 수밖에 없었다.

잔인한 일이 벌어져서 그랬느냐고? 아니, 그 반대였다. 아이들은 함께 먹을 식량을 키우는 정원부터 빗물을 모으기 위해 속을 파낸 나무 둥치, 체력단련장과 배드민턴장, 꺼지지 않는 모닥불까지 마련해놓으며 '잘 살고' 있었던 거다. 소년들은 섬에 고립되었다는 사실을 깨달은 뒤 절대 다투지 말자고 합의했고, 실제로 구조될 때까지 별다른 갈등을 겪지 않았다. 의지할 대상이 자기 옆에 선 동료라는 사실을 잘 알고 있었던 거다. 이들을 구조한 선장은 어느 인터뷰에서 이렇게 대답했다. "《파리대왕》과 실제 일어난 일은 완전히 다르다."

처음의 질문으로 돌아가보자. 인간의 본성이 악하냐고? 그럴지도 모른다. 하지만 어쩌면 악한 건 인간의 본성이 아니라 악해지려는 유혹을 이겨내지 못한 수많은 순간 그리고 그 순간이 쌓여가며 무뎌진 우리의 사고와 감각인지도 모르겠다. 우리는 분명 더 선해질 수 있다. 우리 본성이 어떤 모습이라도 말이다.

설명의 피로가 없는
편안함

"믿음이 있는 사람에게는
어떠한 설명도 필요 없다.
그러나 믿음이 없는 이에게는
어떠한 설명도 불가능하다."

—

토마스 아퀴나스

신은 존재하는가? 이 어렵고도 해묵은 질문에 사람들은 차츰 더 "아니요"에 가까운 대답을 내놓고 있는 것처럼 보인다. 통계청이 2015년에 발표한 조사 결과에 따르면 우리나라의 무종교인은 전체 인구의 56.1%로 43.9%인 종교인보다 약 13%p 많게 나타 났다. 1985년 첫 조사가 시작된 이래로 종교가 없는 사람이 인 구의 절반을 넘은 건 처음 있는 일이다.

이런 경향은 비단 우리나라에만 국한된 것이 아니다. 미국 내 무종교성을 연구하는 작가 필 주커먼의 책 《종교 없는 삶》에 따 르면 "1950년대 미국인들 가운데 종교가 없는 사람은 채 5%도 되지 않았지만 2013년에는 19%로 급등했으며, 국가적 차원의 최신 조사에 의하면 오늘날에는 30%까지 증가"했다. 또한 "18 세에서 29세 사이의 미국인 가운데 3분의 1이 종교를 갖지 않겠 다고 주장하고 있는" 상황이다. 즉, '종교 없음'이 미국에서 가장 빠르게 성장하는 종교적 태도가 되고 있다는 의미이다.

사람들은 신을 믿을 것이냐는 질문에 대부분 다음과 같은 선 택지 중 하나를 선택하기를 강요받는다. 하나, 신의 존재를 증명 할 수 없으나 신을 느낄 수는 있다. 그러므로 신은 존재한다(유신론). 둘, 신의 존재를 증명할 수 없다. 그러므로 신은 존재하지 않는다(무신론). 셋, 신의 존재를 증명할 수 없다. 그러나 이를 가지고 신이 존재하는지 여부를 판단할 수는 없는 노릇이다(불가지론). 무엇을 선택할 것인지는 각 개인의 몫이겠으나, 세 선택지 모두 전제 자체는 동일해 보인다. 즉, "우리는 신의 존재를 증명할 수 없다"라는 것 말이다.

지옥은
신의 부재

2010년대 최고의 SF 작가로 손꼽히는 테드 창의 단편 〈지옥은 신의 부재〉는 이런 오래된 가정을 정면 부정하며 이야기를 시작한다. 다시 말해, 신의 존재가 가정 혹은 단순한 믿음이 아닌 객관적 사실이며, 심지어는 현실 세계에서 천사의 강림을 체험하거나 지상과 별다를 것 없이 보이는 지옥의 모습도 종종 확인할 수 있다는 것이 이 소설의 기본 전제다.

만약 세상이 이렇다면(신이 존재하는 것이 확실한 세상이라면) 당신은 어떤 선택을 하겠는가? 신이 있는 것이 확실하니, 천국에 가기 위해 끊임없이 노력하는 '착한 삶을 살겠다' 혹은 '신을 충실히 믿고 사랑하겠다'라고 다짐하겠는가? 아니면 지옥에 가도 지금과 별다를 바가 없어 보이니 그저 현실에 안주하는 삶을 살겠다고 생각하겠는가?

소설의 주인공 닐은 두 가지 선택의 갈림길에서 방황하는 인물이다. 태어날 때부터 다리에 장애가 있었던 닐은 평소 신을 믿지 않고 살다가 사후에는 지옥에 가리라 믿어왔다. 하지만 어느 날 천사의 강림으로 세상 누구보다 사랑하는 아내, 사라를 천국으로 보낸 닐은 혼란에 빠지기 시작한다. 그냥 원래 생각대로 지옥으로 가서 아내를 평생 그리워하며 살 것인가, 아니면 신을 믿고 천국으로 가서 아내를 만날 것인가?

문제는 신의 존재가 자명한 이 세상에서도 신을 온 마음 다 바쳐 사랑하기가 쉽지 않다는 데 있다. 하물며 상대가 좋다고 몇 날 며칠 매달려도 마음을 얻을 수 있을까 말까 할 텐데, 얼굴은 생전 한 번도 비치지 않고 가끔 아랫것(천사 말이다)이나 내려보내 제 힘 자랑이나 하는 존재를 어찌 아무런 의심이나 불만 없이 사랑할 수 있겠는가.

신을 사랑할 방법을 고민하던 닐은 묘책을 하나 생각해낸다. 바로 천사가 강림할 때 나타나는 천국의 빛을 보겠다는 것이다. 성지로 향한 닐은 오랜 기다림과 노력 끝에 자신의 목표를 달성한다. 번개를 맞고 신의 사랑에 대한 진정한 의미를 깨닫게 된 것. 어떤 연유에선지 닐만큼은 그 깨달음과 함께 지옥으로 떨어져 말 그대로 '지옥은 신의 부재'라는 사실을 절실히 깨닫게 되지만 말이다.

철학자,
세속에서 뜻을 찾다

이런 상상과 가정을 하지 않더라도 신의 존재를 구태여 증명할 필요가 없는 시기도 있긴 했다. 흔히 '중세'라고 불리는 시기 말이다. 이 시기의 가장 큰 특징은 기독교라는 하나의 가치관이 유럽 세계 전체를 지배했다는 것이다. 흔히 중세를 로마가 멸망한 해인 476년부터 1500년 정도로 말하니 수많은 사람이 최소한 1,000년이 넘는 시간 동안 '절대적'으로 신을 믿으며 살아왔던 거다.

물론 그렇다고 1,000년 동안 모든 시기의, 모든 사람이 아무런 의심 없이 신의 존재를 믿었던 건 아니다. 특히 사회의 혼란이 가중되기 시작한 9세기부터 중세 말까지는 신에 대한 믿음이 꾸준히 약해졌다. 이에 철학자, 아니 신학자들은 논리와 이성으로 신의 존재를 증명하고, 사람들의 믿음을 회복하려 했다. 우리는 이 시기를 '스콜라 철학기'라고 부른다.

토마스 아퀴나스는 스콜라 철학이 성장하던 1225년 이탈리아에서 태어났다. 그가 태어난 당시 교회와 세속 권력은 밀접한 관계를 맺고 있었다. 다시 말해, 교회 권력이 세속에 영향을 미치고 부를 얻을 수 있는 수단이 된 시기였던 거다. 토마스 아퀴나스의 부모 역시 그가 잘나가는 수도회의 원장이 되어 평생 잘 먹고 잘살기를 바랐다. 결국 그는 다섯 살이 되던 해, 당시 유럽 전역에 걸쳐 큰 영향력을 행사하던 베네딕토 수도원으로 가게 된다.

하지만 얼마 안 가서 문제가 생겼다. 왕권과 교황권의 대립으로 이곳의 수도사와 학생들이 추방당하는 일이 벌어진 것이다. 결국 토마스 아퀴나스는 베네딕토 수도원을 떠나 나폴리 대학으로 자리를 옮기게 된다. 이곳에서 그는 고대 그리스의 철학자 아리스토텔레스의 철학과 논리학을 배우는 동시에 도미니코 수도회를 접하게 된다. 도미니코 수도회는 다른 세속적 조직과는 조금 달랐다. 청빈과 학문 수련을 목적으로 하는 수도회였기 때문이다. 나폴리 대학에서 5년간 공부하며 크게 감명받은 그는, 결국 도미니코 수도회에 입단하기로 결심한다.

물론 가족들이 그를 가만히 놔둘 리가 없다. 가족들은 치밀하게 계획을 세워 파리 대학으로 향하던 그를 납치한다. 그리고 그를 성에 1년 넘게 가둬버린다. '이렇게 하면 포기하겠지' 하며 그를 회유하기를 여러 차례. 하지만 그의 고집을 꺾을 수는 없었다. 결국 그는 가족의 손아귀(?)에서 벗어나 도미니코 수도회에 입단한다.

문제 해결의 수만큼
기적을 행한 성인

당초 목적지였던 파리 대학으로 간 그는 알베르투스 마그누스의 제자가 되었다. 그는 아리스토텔레스의 철학을 신학에 적용하기 위해 노력한 인물이었다. 그 때문에 토마스 아퀴나스도 아리스토텔레스의 철학을 상당 부분 흡수한 형태로 사상을 전개하게 된다.

열심히 공부한 그는 고작 27세에 파리 대학의 신학과 교수가 된다. 그리고 교수 생활을 마친 뒤, 토마스 아퀴나스는 이탈리아로 복귀한다. 그리고 이곳에서 이전보다 더 열심히 공부한다. 심지어 어느 날 그의 명성을 들은 프랑스 국왕 루이 9세가 그를 연회에 초대했으나 연회에서도 신학적 논리를 세우기 위한 사색에 온종일 깊이 잠겨 있었다고 한다. 물론 그의 학식과 깊이를 익히 알고 있던 루이 9세는 그의 태도를 존중한 것은 물론, 그 자리에서 급히 떠오른 생각을 받아 적을 수행원을 붙여주었다.

그는 아리스토텔레스에 대한 12권의 주석서를 비롯하여《신학대전》,《그리스인의 오류에 관하여》,《군주정에 관하여》등 방대한 양의 저작을 남겼다. 그리고 사후 49년 뒤인 1323년에는 가톨릭교회의 성인으로 추대되었다. 당시 그의 반대파들은 그가 생전에 행한 기적이 적다는 점을 들어 그를 성인으로 추대하는 것을 반대했다. 이러한 주장에 대한 교황 요한 22세의 답변은 간단했다. "그가 철학적으로 해결한 문제의 수만큼 기적을 행한 것이다."

●

신은 존재하는가,
아니 어떻게 살아갈 것인가?

그럼 토마스 아퀴나스는 도대체 무엇을 연구했기에 왕과의 연회 자리에서마저 몰입해야 했을까? 그는 저작이 방대한 만큼이나 수많은 신학의 문제를 해결했다. 그중에서도 유명한 것이 바로 '신의 존재'에 관한 증명이다. 그는 크게 5가지 근거를 들어 신의 존재를 증명했다.

첫째는 '운동의 원인'을 통한 증명이다. 토마스 아퀴나스에 따르면 세상 만물은 다른 것에 의해 운동한다. 가령 내가 발로 힘껏 차야 운동장 한가운데 놓인 축구공이 날아가는 것과 같은 이치이다. 그리고 그 원인을 찾아 끝까지 추적하다 보면, 스스로는 움직이지 않지만 다른 것을 움직이게 만드는 존재를 만나게 된다. 그는 이를 부동의 원동자라고 불렀으며, 이것이 바로 신이라고 설명했다.

둘째는 '능동 원인'을 통한 증명이다. 토마스 아퀴나스는 운동에 원인이 있는 것과 마찬가지로 '존재'에도 원인이 있다고 믿었다. 이후의 증명 과정은 첫째와 동일하다. 존재의 원인을 끊임없이 거슬러 올라가다 보면, 최초의 존재 원인이 있게 마련이다. 당연히 토마스 아퀴나스가 생각하기에 그 존재는 신이다.

셋째는 '우연의 존재 이유'를 통한 증명이라고 불린다. 세상에는 우연히 존재하는 것투성이다. 꽃과 나무도, 강도, 심지어는 '나'도 말이다. 토마스 아퀴나스는 이처럼 세상에 우연한 무언가가 존재하는 이유를 "그것을 존재하게 만든 필연적 존재가 있기 때문"이라고 설명한다. 만약 이 '필연적 존재'가 없다면 이 세상에는 아무것도 존재하지 않는다. 물론 그 필연적 존재란 신이고 말이다.

넷째는 '완전성의 기준'을 통한 증명이다. 우리는 무언가가 더 예쁘다거나, 더 착하다, 더 듣기 좋다는 식으로 개별 존재의 완전성을 비교하곤 한다. 그런데 그 완성도에 대한 '절대적인' 비교 기준은 대체 무엇일까? 이전의 증명과 마찬가지다. 토마스 아퀴나스는 그 근원을 찾아가다 보면 비교 기준이 될 수 있는 완전한 존재가 있을 것이며, 그것은 바로 신이라고 설명한다.

마지막은 '목적론적 방법'을 통한 증명이라고 불린다. 그가 보기에 세상 모든 존재는 각자 자기 나름의 목적을 가지고 살아간다. 가령 동물은 번식하기 위해 살아가는 것처럼 보이며, 인간은 무언가 자신의 꿈과 비전을 위해 살아가는 것처럼 보이기 때문이다. 토마스 아퀴나스는 세상의 모든 존재가 각각의 목표를 향해 나아가도록 만드는 지적 존재가 있다고 믿었다. 물론 그 존재는 바로 신일 테고 말이다.

어떤가? 신에 대한 믿음 여부와 관계없이 그의 논증은 꽤 엉성하게 느껴지는 부분이 많은 것이 사실이다. 그 역시 이를 어느 정도는 알았던 것 같다. 신과 신앙에 관한 모든 것을 이성으로만 증명할 수 없으며, 이는 인간이 이해할 수 없는 초자연적 섭리이기 때문이라는 부연을 구태여 덧붙인 것이다. 하지만 그럼에도 세계를 이성으로 이해하고, 설명하기 위해 노력했다는 점에서 토마스 아퀴나스는 이전 시대의 신학자 혹은 철학자와는 다른 면모를 분명 가지고 있었다. 그는 그도 모르는 새 차츰 근대의 문을 열어가고 있었던 것이다.

자, 다시 처음의 질문으로 돌아가보자. 신은 존재하는가? 당신은 신을 믿는가? 아니, 그것이 중요한가? 어쩌면 우리에게 이 질문은 신의 존재와 믿음 여부에 대한 질문이 아니라 "지금의 삶을 어떻게 살아갈 것인가"라는 질문인지도 모르겠다. 지금 이 세상이 닐이 살아가는 세상과 같은 모습으로 변하지 않는 이상 말이다.

당신의 철학은
이미 시작되었다

"그 어떤 철학도 배울 수는 없다.
그렇다면 철학은 어디에 있는가?
누가 철학을 소유했는가?
과연 어디에서 철학을 확인할 수 있는가?
우리가 배울 수 있는 것은 오직 철학을 하는 방법뿐이다."
—

칸트

우선 축하부터 하자. 드디어 당신은 이 책의 마지막 장에 도착했다. 니체와 공자와 포퍼와 제논의 산(아휴, 숨차다, 숨차)을 넘다니 정말 대단하다. 사실 이 책은 철학 입문서를 표방하고 있지만, 거의 대부분의 철학 입문서가 보여주는 한계를 넘지 못했다는 사실을 나 역시 잘 알고 있다. 무슨 한계냐고? 뭐긴 뭐야, 입문서라고 하면서 어렵다는 한계지. 그렇지만 어쩌겠나, 설명의 토대가 될 이론 자체가 어려운데(라고 선배 저자님들도 다 변명했을 거다). 그러니 이 책을 '거의 다' 완독한 당신은 자신을 충분히 칭찬할 만하다.

동시에 이런 생각이 들 법도 하다. '기껏 시간 내서 (게다가 돈도 들여서) 책을 다 읽었는데 대체 철학이 뭔지 하나도 모르겠다'라는 생각 말이다. '다음 장에는 답이 나오겠지'라고 생각하지만, 매번 페이지를 넘기면 넘길수록 머릿속은 복잡해지기만 한다. 이 사람 얘기도 맞는 것 같고 저 사람 얘기도 맞는 것 같고. 고작 이런 뻔하고 당연한 얘기를 했다고 '위대한 철학자'니 '시대를 이끈 철학자'니 하는 것도 잘 이해가 안 가고 말이다.

그럼에도 우리는 이번 장에 다시 한번 같은 질문을 반복할 수밖에 없다. 바로 "철학이란 무엇인가?"라는 질문을 말이다. 인류 역사상 가장 철학적인 스포츠라 할 만한 야구의 전설, 요기 베라도 말하지 않았나. "끝날 때까진 끝난 게 아니다"라고 말이다. 게다가 이번에 소개할 철학자는 말하자면 '인간 철학'쯤 되는 사람이다. 이름은 이마누엘 칸트. 워낙 방대한 영역에 걸쳐 위대한 업적을 남긴 덕에 역사상 가장 위대한 철학자로 손꼽히는 인물이다. 이 사람이라면, 어쩌면 우리의 질문에 대한 답을 줄 수도 있지 않을까?

'존버'로 교수가 된
철학자

칸트는 1724년 지금의 러시아 칼리닌그라드 지역이자 프로이센 왕국의 발상지인 쾨니히스베르크에서 태어났다. 그의 아버지는 가난한 수공업자였으며, 어머니는 독실한 경건주의 기독교인이었다고 알려진다. 그는 11명의 자녀 중 넷째로 태어났는데, 이중 성인이 될 때까지 살아남은 사람은 칸트를 포함해 고작 4명에 불과했다.

평생 고향에서 100마일 이상 바깥으로 벗어난 적이 없었다는 것도 특이하다면 특이하다고 할 만한 이력이다. 그가 평생을 살아간 쾨니히스베르크는 경건주의와 깊은 관계가 있는 도시였다. 경건주의란 피에티스무스(Pietismus)란 단어를 번역한 말로, 18세기경 독일에서 일어난 교회 개혁 운동 전반을 설명하는 용어다. 경건주의 기독교인들은 초기 기독교의 경건한 신앙을 부활시키는 것을 목표로 실천과 금욕을 강조했다. 이런 분위기에서 교육받은 칸트가 그 영향을 받은 것 또한 당연하다. 그는 평생을 부지런하며 덕망 있게 살아가기 위해 최선을 다했다.

이와 동시에 쾨니히스베르크는 학문적인 자유가 보장되는 도시였다. 그는 어린 시절 '경건주의자들의 합숙소'라는 별명이 있는 콜레기움 프리데리치아눔에서 라틴어를 비롯한 다양한 분야를 공부했으며, 16세가 되어서는 쾨니히스베르크 대학에 입학해 6년간 수학했다.

공부를 마친 뒤, 그는 약 7년 동안 가정교사로 일했다. 당시 가정형편이 그리 좋지 않았던 데다가 그의 아버지마저 세상을 떠났기 때문에 내린 결정이었다. 31세가 되어 다시 대학으로 돌아간 그는 〈보편적인 자연사와 천체이론〉, 〈불에 관한 몇 가지 고찰에 관한 간략한 서술〉 그리고 오늘날로 따지면 교수자격 논문에 해당하는 〈형이상학적 인식의 제1 원리에 관한 새로운 해명〉 등 다양한 주제와 분야의 논문을 줄줄이 발표한다. 칸트는 이 시기부터 1796년까지 약 40년간 대학에서 강의했다. 이 기간의 초반 15년 동안은 사(私)강사로 생활했다. 사강사는 대학에서 월급을 받는 것이 아니라 수강생들에게 강의료를 받는 비전임 교수를 말한다. 물론 수입은 그가 생활하기에 결코 충분하지 않았다.

그래서 이 시기엔 왕립 도서관 사서 일 등을 병행하며 생활한다.

46세가 된 1770년, 드디어 칸트는 논리학과 형이상학 강좌를 담당하는 정식 교수가 되었다. 이후 그는 자신의 대표작인《순수 이성비판》을 비롯해《실천이성비판》,《판단력비판》으로 이어지는 이른바 삼대 비판서와《형이상학서설》,《도덕 형이상학 원론》등 다양한 책을 저술한다.

●

시계보다
더 정확한 인간

그는 머리에 쥐가 날 정도로 어려운 철학이론을 전개한 인물로 알려져 있지만, 삶은 정반대로 흥미로운 모습이 가득했다. 매일 아침 정확히 5시에 일어났으며(그래서 죄 없는 그의 하인은 그를 깨우기 위해 4시 45분부터 침대 앞에서 대기해야 했다), 오후 3시 30분에 반드시 산책을 시작했다(동네 사람들이 그를 보며 시계를 맞췄다는 것이 학계의 정설이다)는 사실은 이미 잘 알려진 일화다.

식습관도 특이했다. 우선 그는 홍차와 파이프 담배로 아침을 시작했다. 담배를 좋아하기도 했지만, 필요 이상으로 먹는 일을 죄악시하여 식욕을 감퇴시키기 위한 목적이 더 컸다. 커피도 마찬가지였다. 그는 엄청난 커피광이었는데 '욕망에 굴복하면 안 된다'라는 생각으로 매일 정해진 양만 마셨다.

식사도 점심 한 끼만 먹었다. 성공한 뒤부터 그는 늘 세 시간 동안 점심을 즐겼다고 한다. 물론 이 시간 동안 그가 먹기만 하지는 않았을 거다. 이 시간은 항상 사람들과의 교류로 채워졌다. 초대에도 원칙이 있었다. 그는 식사의 최소 인원은 '삼미신의 숫자'가 되어야 하고, 최대 인원은 '뮤즈의 숫자'를 넘지 않는 것이 좋다고 말했다. 모두 고대 신화에 등장하는 숫자로, 각각 3명과 9명을 뜻한다. 최소 인원이 3명 미만이라면 식사 도중 대화가 끊길 가능성이 크며, 최대 인원이 9명을 넘으면 작은 그룹으로 나뉘어 대화가 진행될 가능성이 있기 때문에 좋지 않다는 것이 그 이유였다.

당연히 대화의 규칙도 있었다. 우선 인사와 덕담을 하고, 근황과 가십 등 가벼운 수다로 이야기를 시작하며, 절정부에서는 인문학적인 대화를 해야 했다. 감정싸움을 해서도 안 되며, 대화 말미에는 일상적인 수다로 되돌아가 기분 좋게 식사를 마무리해야 했다. 그의 엄격한 기준을 따르지 못한 사람은 다시는 그와의 식사에 초대받지 못했다. 게다가 이 원칙은 그가 이미 최고의 학자가 된 뒤 시행된 것이기 때문에 모두가 그의 말을 따를 수밖에 없었다. 그에게 낙제 판정을 받았다는 사실이 알려지는 날에는 지식인으로서 자격이 부족하다는 꼬리표가 붙었기 때문이다.

중요한 건 우리가 그것을
'확인'하는 것이다

그럼 대체 칸트는 어떤 사상을 전개한 철학자였을까? 사람들은 흔히 그의 사상을 "인류 정신사를 완전히 뒤바꾼 코페르니쿠스적 전회"라고 말한다. (사실 칸트 본인이 먼저 말했다.) 태양이 지구 주변을 돌고 있다는 천동설을 코페르니쿠스가 지동설로 완전히 뒤집어버린 것처럼, 칸트의 사상 역시 철학과 인류정신사에 거대한 지각변동을 일으켰다는 거다.

특히 칸트의 3대 비판서 중 첫 책에 해당하는 《순수이성비판》은 철학의 한 분과인 인식론에 커다란 변화를 일으켰다. 인식론이란 말 그대로 인간 인식의 기원과 본질, 과정 등을 연구하는 학문을 말한다. 인간은 어떻게 알 수 있는지, 안다는 것은 대체 무엇인지, 우리가 무슨 권리로 '안다'라고 말할 수 있는지 탐구하는 분야라고 할 수 있다.

칸트 이전에 인식론을 연구한 철학자들은 주체의 인식 여부와 관계없이 대상이 그 자체로 존재한다고 보았다. 다시 말해, 우리가 사과를 보든, 보지 않든 관계없이 사과는 늘 그 자리에 있었다는 거다. 이러한 사고관에 따르면 인간의 인식은 대상을 비추는 역할을 할 뿐이다. 마치 거울이 사물을 비추는 것처럼 말이다. 참과 거짓의 기준 또한 '대상'에게 있다. 머릿속의 생각이나 그 생각을 표현하는 말이 참이 되는 조건은 단순하다. 그것이 대상과 일치하는지만 확인하면 되는 거다. 우리의 생각이나 말은 대상과 일치할수록 참되다. 우리는 이러한 관점을 가진 인식론을 '진리 대응설'이라고 부른다.

　칸트는 이러한 기존 인식론의 체계를 정반대로 뒤집었다. 대상이 아닌 '주체'를 중심으로 본 것이다. 칸트는 대상이 주체와 무관하게 존재할 수 없다고 보았다. 대상은 오로지 주체와의 관계에서만 나타나는 '현상'에 불과하다. 다시 말해, 사과가 존재하는지보다 우리가 그 사과의 존재를 '확인'하는 것이 더 중요하다는 얘기다. 칸트의 인식론에서는 참과 거짓의 기준도 달라진다. 대상과 얼마나 일치하는지가 아닌, 주체의 인식능력이 제대로 작동하는지에 따라 참과 거짓이 결정되기 때문이다. 칸트에게 중요한 것은 세상이 존재하는 모습 그 자체가 아니다. 그가 주목한 것은 인식의 메커니즘을 거치며 "세상이 우리에게 어떤 모습으로 나타나는지"였기 때문이다.

물자체, 현상, 마음으로 이어지는
인식의 메커니즘

그렇다면 인식의 메커니즘은 어떻게 구성되어 있을까? 칸트가 말한 인식의 메커니즘은 물자체-현상-마음의 순서로 요약될 수 있다. 우선 중간에 있는 현상은 우리에게 '나타나는 것'을 말한다. 보이고, 들리고, 만져지는 등의 '구체적 경험의 세계'를 일컫는 말이다. 그럼 현상의 내용은 어디서 오는 걸까? 바로 '물자체'에서 온다. 물자체는 대상이 주체에게 나타나기 이전의 '사물 자체'를 말한다. 여기에는 시간과 공간이 없다. 우리가 현상계에서 발견할 수 있는 규칙, 질서 따위도 존재하지 않는다. 그러므로 현상계에 있는 주체, 즉 '인간'은 물자체를 알 수 없다. 마지막으로 우리가 현상계에서 경험하는 형식적 질서는 '마음'에서 비롯된다. 3차원의 공간 개념, 시간적이며 인과적인 질서처럼 우리가 합리적이라고 여기는 질서와 체계들은 우리 안의 인식능력에 의해 부과된 어떤 형식들이다. 칸트는 이러한 형식이 우리의 경험 이전부터 의식 내부에 '선험적'으로 주어져 있다고 보았다.

이해가 안 되는 사람(자책하지 말자. 정상인이라는 얘기니까)은 다음 예를 살펴보자. '스마트폰'이라는 기계가 가진 특성을 통해 인식의 메커니즘을 이해해보는 거다. 우선 스마트폰에는 시각적으로 구현되는 '화면'이 있다. 화면은 칸트가 말하는 '현상'이라고 할 수 있다. 화면에 무언가를 나타나게 하려면 어떻게 해야 할까? 당연히 내용이 들어가야 한다. 아무런 내용도 입력되지 않았거나 기억장치에 저장된 내용이 없다면 화면에는 아무것도 나타날 수 없기 때문이다. 이 '내용'은 칸트의 관점에서 '물자체'에 해당한다.

저장된 내용만큼 중요한 것이 '소프트웨어'다. 소프트웨어는 정보가 화면에 구현되기 위한 일종의 형식적 조건이다. 가령 똑같은 내용이라 하더라도, 소프트웨어가 달라지면 화면에 나타나는 방식이 달라진다. 어떤 소프트웨어에서는 흑백으로 나오던 화면이 다른 소프트웨어에서는 컬러로 구현되며, 2차원적으로 표현되던 내용이 다른 데서는 3차원적으로 보이기도 한다. 칸트의 관점에서 소프트웨어는 의식에 내재하는 '형식'이라고 할 수 있다. 이러한 의식의 형식은 경험 이전에 있지만, 동시에 그 경험을 가능하게 한다는 점에서 '선험적'이다. 그 의식의 선험적 형식이 없다면 대상이 현상계에 나타날 수도, 우리의 경험이 가능할 수도 없다.

다시 한번 정리해보자. 칸트의 인식론에는 크게 세 차원이 있다. 우선 첫째는 '물자체'이다. 이 차원은 주체가 알 수 없는 영역이다. 둘째는 주체에게 경험적으로 나타나는 '현상계'이다. 그리고 이 물자체와 현상계 사이를 나누는 동시에 이어주는 제3의 차원이 있다. 칸트는 이를 '초월론적 차원'이라고 부르며, 그 차원을 탐구하는 철학을 '초월론적 철학'이라 불렀다. 다시 말해, 화면과 저장장치 사이에 놓인 '소프트웨어'를 탐구하고자 한 것이 바로 칸트의 인식론 철학이라고 할 수 있는 거다.

그래서 철학이란
무엇인가

그럼 다시 처음의 질문을 생각해보자. 아마 칸트 철학에서도 당신이 원한 답을 찾기는 쉽지 않았을 거다. 사실 우리가 지금까지 읽고 공부한 '위대한' 철학자들의 이론에는 결함투성이 혹은 우리 생각과는 다른 이야기가 가득하다. 그건 때로는 시대의 한계(최초의 서양 철학자라고 불리는 탈레스는 우리가 사는 세계가 '물'로 이루어져 있다고 주장했다. 그건 그가 살던 시대에 할 수 있는 최선의 추론 결과였지만, 오늘날 보면 말도 안 되는 이야기다)였으며, 또 때로는 성향의 차이(이 책에 소개된 철학자들은 대부분 "열심히, 최선을 다해 살아야 한다"라는 삶의 태도를 견지했다. 하지만 그건 그들 각자의 삶에서 비롯된 결론일 뿐 모두에게 적용되는 건 아니다)일 때도 있었다.

내가 말하고 싶은 이야기는 이거다. 당신은 이미 철학을 시작했다. 당신은 이 책을 읽을지 고민한 그 순간부터 철학을 하고 있었다. "철학이란 무엇일까?"라는 가장 철학적인 물음을 던지고 이 책을 펼쳤으니 말이다. 그건 소크라테스가 이야기한 '무지를 자각하는' 자세였으며, 데카르트가 이야기한 '생각하는' 모습이었고, 마르쿠스처럼 '자기 정신의 움직임을 주의 깊게 살피는' 자세였다. 칸트의 생각도 마찬가지이다. 그 역시 철학이 단 하나의 정답만 존재하거나 모두가 똑같은 길을 걷는 학문이 아니라고 생각했던 듯하다. 이렇게 말이다.

"그 어떤 철학도 배울 수는 없다. 그렇다면 철학은 어디에 있는가? 누가 철학을 소유했는가? 과연 어디에서 철학을 확인할 수 있는가? 우리가 배울 수 있는 것은 오직 철학을 하는 방법뿐이다."

그럼 그는 철학 하는 사람이 도대체 무엇을 고민하고, 어떤 답을 찾기 위해 노력해야 한다고 생각했을까? 칸트는 철학은 무엇을 알 수 있는지, 무엇을 해야 하는지, 그리고 무엇을 희망할 수 있는지를 질문하고 답하는 학문이라고 대답한다. 다시 말해, 그는 철학이란 "인간은 어떤 존재인가?"라는 질문에 답하는 학문이라고 생각했던 거다.

칸트는 그 답을 찾았냐고? 아마도 그는 자기 나름의 답을 찾았다고 생각했던 듯하다. 그리고 그 답을 세 권의 책에 담았다. 첫째 질문에 대한 칸트의 답은 우리가 앞서 살펴본《순수이성비판》이었으며, 둘째 질문의 답은《실천이성비판》, 셋째 질문의 답은《판단력비판》에서 찾을 수 있다. 하지만 이 책에 그 답들을 모두 싣지는 않을 생각이다. 어차피 그 질문에도 '단 하나의 정답' 같은 건 있을 수 없기 때문이다. 책을 덮어야 하는 지금, 이제는 당신 스스로 철학의 질문에 답할 차례이다. 철학이란 무엇일까? 인간은 어떤 존재인가? 당신은 어떻게 '생각'하는가?

- G.W.F. 헤겔,《역사철학강의》, 권기철, 동서문화사, 2008
- K.T.판,《비트겐슈타인의 철학이란 무엇인가?》, 황경식, 이운형, 서광사, 1989
- 강성률,《동양철학사를 보다》, 리베르스쿨, 2014
- 개러스 사우스웰,《철학 100문장》, 서유라, 미래의창, 2021
- 고바야시 쇼헤이,《그래서 철학이 필요해》, 김복희, 쌤앤파커스, 2019
- 공자,《논어》, 김형찬, 홍익출판사, 2005
- 군나르 시르베크, 닐스 길리에,《서양철학사 1, 2》, 윤형식, 이학사, 2016
- 김경희,《마키아벨리》, 아르테, 2019
- 김상환,《왜 칸트인가》, 21세기북스, 2019
- 나이절 워버턴,《철학의 역사》, 정미화, 소소의책, 2019
- 나이절 워버턴,《한 권으로 읽는 철학의 고전 27》, 최희봉, 박수철, 지와사랑, 2011
- 니콜로 마키아벨리,《군주론》, 변용란, 아름다운날, 2009
- 데니세 데스페이루,《좋아하는 철학자의 문장 하나쯤》, 박선영, 지식의숲, 2020
- 라이언 홀리데이, 스티븐 핸슬먼,《스토아 수업》, 조율리, 다산초당, 2021
- 루트비히 비트겐슈타인,《비트겐슈타인의 논리철학 논고》, 전세라, 웅진지식하우스, 2019
- 뤼트허르 브레흐만,《휴먼카인드》, 조현욱, 인플루엔셜, 2021
- 르네 데카르트,《데카르트의 방법서설》, 박서현, 웅진지식하우스, 2019
- 르네 데카르트,《성찰》, 양진호, 책세상, 2018
- 마르쿠스 아우렐리우스,《명상록》, 박문재, 현대지성, 2018
- 마르틴 하이데거,《존재와 시간》, 전양범, 동서문화사, 2008
- 마이클 샌델,《정의란 무엇인가》, 김명철, 와이즈베리, 2014
- 미하엘 하우스켈러,《왜 살아야 하는가》, 김재경, 추수밭, 2021
- 민이언,《밤에 읽는 소심한 철학책》, 쌤앤파커스, 2016
- 박찬국,《사는 게 고통일 때, 쇼펜하우어》, 21세기북스, 2021
- 박찬국,《삶은 왜 짐이 되었는가》, 21세기북스, 2017
- 박찬국,《초인수업》, 21세기북스, 2014
- 순자,《순자》, 장현근, 책세상, 2002

- 신영복,《강의》, 돌베개, 2004
- 아르투어 쇼펜하우어,《의지와 표상으로서의 세계》, 홍성광, 을유문화사, 2019
- 안광복,《처음 읽는 서양철학사》, 어크로스, 2017
- 야마구치 슈,《철학은 어떻게 삶의 무기가 되는가》, 김윤경, 다산초당, 2019
- 양자오,《논어를 읽다》, 김택규 옮김, 유유, 2015
- 양자오,《맹자를 읽다》, 김결 옮김, 유유, 2016
- 요한네스 힐쉬베르거,《서양철학사 상, 하》, 강성위, 이문출판사, 2022
- 윌리엄 골딩,《파리대왕》, 유종호 옮김, 민음사, 1999
- 이진경,《철학과 굴뚝청소부》, 그린비, 2005
- 이화수,《잠들기 전 철학 한 줄》, 카시오페아, 2020
- 장 폴 사르트르,《구토》, 이혜정, 소담출판사, 2002
- 장 폴 사르트르,《실존주의는 휴머니즘이다》, 박정태, 이학사, 2008
- 장자,《장자》, 김달진 옮김, 문학동네, 1999
- 존 스튜어트 밀,《공리주의》, 서병훈, 책세상, 2007
- 존 스튜어트 밀,《자유론》, 박문재, 현대지성, 2018
- 존 스튜어트 밀,《자유론》, 서병훈, 책세상, 2005
- 칼 포퍼,《삶은 문제해결의 연속이다》, 허형은, 부글북스, 2006
- 콘스탄틴 J. 밤바카스,《철학의 탄생》, 이재영, 알마, 2008
- 펑유란,《간명한 중국철학사》, 정인재, 마루비, 2007
- 프리드리히 니체,《차라투스트라는 이렇게 말했다》, 김인순, 열린책들, 2015
- 프리드리히 엥겔스,《루트비히 포이어바흐와 독일 고전철학의 종말》, 양재혁, 돌베개, 2015
- 프리드리히 엥겔스, 마르크스,《공산당선언》, 이진우, 책세상, 2018
- 플라톤,《에우티프론, 소크라테스의 변론, 크리톤, 파이돈》, 박종현, 서광사, 2003
- 플라톤,《플라톤의 국가·정체》, 박종현, 서광사, 2005
- 한나 아렌트,《예루살렘의 아이히만》, 김선욱, 한길사, 2006
- 홍성우,《존 롤즈의 정의론 읽기》, 세창미디어, 2015

물러서지 않는 마음

초판 1쇄 발행 2022년 5월 25일
초판 4쇄 발행 2022년 6월 22일

지은이 이준형
펴낸이 이경희

펴낸곳 빅피시
출판등록 2021년 4월 6일 제2021-000115호
주소 서울시 마포구 월드컵북로 402, KGIT 16층 1601-1호

ⓒ 이준형, 2022
ISBN 979-11-91825-45-9 03100